Vašington Irving
STUDENT IZ SALAMANKE

REČ I MISAO
KNJIGA 567

Urednik
JOVICA AĆIN

CIP – Каталогизација у публикацији
Народна библиотека Србије, Београд

821.111(73)-31
821.111(73):929 Ирвинг В.

ИРВИНГ, Вашингтон

    Student iz Salamanke / Vašington Irving ; s engleskog prevela Aleksandra Mančić. – Beograd : Rad, 2006 (Lazarevac : Elvod-print). – 111 str. ; 21 cm. (Reč i misao ; knj. 567)

Prevod dela: The Student of Salamanca / Washington Irving. – Tiraž 500. – Vašington Irving i Španija: str 99–109.

ISBN 86-09-00915-7

a) Ирвинг, Вашингтон (1783–1859)

COBISS.SR-ID 128986892

VAŠINGTON IRVING

STUDENT IZ SALAMANKE

Sa engleskog prevela
ALEKSANDRA MANČIĆ

IZDAVAČKO PREDUZEĆE „RAD"
BEOGRAD

Izvornik

Washington Irving
The Student of Salamanca (1822)

STUDENT IZ SALAMANKE

Kakav život vodim sa svojim učiteljem: sve samo duvanje mehova, nadgornjavanje duhova i grebuckanje krstića! To je veoma tajanstvena nauka, jer bezmalo niko ne može da razume njen jezik. Sublimacija, almigacija, kalcinacija, rubifikacija, albifikacija i fermentacija: ta nauka ima isto onoliko termina koje je nemoguće izgovoriti, koliko je i tu veštinu nemoguće shvatiti.

Lilijeva *Galateja*

Nekada davno, u drevnom gradu Granadi boravio je mladić po imenu Antonio de Kastros. Nosio je odoru studenta iz Salamanke, bavio se čitanjima u univerzitetskoj biblioteci; a u predasima, udovoljavao radoznalosti istražujući ostatke mavarske veličine po kojima je Granada bila glasovita.

Dok se bavio tim proučavanjima, često je primećivao starca neobičnog izgleda koji je isto tako posećivao biblioteku. Bio je suvonjav i izboran, mada, kako je izgledalo, više od proučavanja nego od godina. Njegove oči, iako sjajne i zanesenjačke, bile su duboko usađene, sakrivene u senci obrva koje su se nadvijale nad njima. Odeća mu je uvek bila ista: crni gunj; kratka crna kabanica, sasvim umoljčana i otrcana; mali kolir i široki šešir koji mu je pravio senku.

Njegova glad za znanjem izgledala je nezasita. Provodio bi cele dane u biblioteci, utonuo u proučavanje, čitajući mnoštvo pisaca, kao da traga za nekim zanimljivim predmetom kroz sva njegova grananja; tako bi se uglavnom, kada bi se smrklo, našao gotovo zatrpan knjigama i rukopisima.

To je podstaklo Antonijevu radoznalost, i on se kod posetilaca raspitivao o neznancu. Niko nije mogao da mu da nikakvo objašnjenje, osim da taj čovek već neko vreme povremeno posećuje biblioteku; da čita pre svega radove o okultnim naukama, i da ga posebno zanima traganje za arapskim rukopisima. Dodali su da nikada ni sa kim nije razgovarao, osim da bi zatražio neko delo; da bi posle napada prilježnog proučavanja, nestajao na po nekoliko dana, pa čak i nedelja, i kada bi ponovo došao u biblioteku izgledao bi smežuraniji i ispijeniji nego ikada. Studenta je ova priča zainteresovala: vodio je prilično besciljan život i osećao onu hirovitu radoznalost koja potiče od dokonosti. Odlučio je da se upozna sa tim knjiškim moljcem i da sazna ko je i šta je on.

Sledeći put kada je video starca u biblioteci, počeo je upoznavanje tako što je tražio dozvolu da pogleda neku od knjiga sa kojima je neznanac naizgled već završio. Ovaj poslednji je samo naklonio glavu u znak pristanka. Pošto se pretvarao da sa velikom pažnjom pregleda knjigu, vratio ju je uz mnogo zahvaljivanja.

Neznanac nije odgovorio.

„Mogu li da vas pitam, senjor", rekao je Antonio pomalo oklevajući, „mogu li da vas pitam za čime tragate po svim tim knjigama?"

Starac je podigao glavu sa izrazom iznenađenja što mu po prvi put prekidaju proučavanja, i to tako nametljivim pitanjem. Odmerio je studenta iskosa od glave do pete: „Za mudrošću, sine moj", rekao je mirno; „a ta potraga obuzima mi svaki trenutak pažnje." Zatim je spustio pogled na knjigu i nastavio sa radom.

„Ali, oče", rekao je Antonio, „zar ne možete da odvojite koji časak da i drugima pokažete put? Mi stranci na putevima znanja moramo da tražimo uputstva za naša putovanja od tako iskusnih putnika kao što ste vi."

Neznanac ga je nestrpljivo pogledao: „Nemam dovoljno vremena, sine moj, ni da naučim", rekao je, „a kamoli da poučim. Ni ja ne znam put ka istinskom znanju; pa kako onda mogu da ga pokažem drugima?"

„Dobro, ali, oče..."

„Senjor", reče starac blago, ali strogo, „morate shvatiti da mi je preostalo samo nekoliko koraka do groba. Za to kratko vreme moram da dovršim sav posao u životu. Nemam vremena za reči; svaka reč je kao protraćeno zrnce peska iz mog peščanika. Dopustite mi da ostanem sam."

Na tako potpuno zatvaranje vrata bliskosti nije se moglo ništa odgovoriti. Student je video da je odbijen, mirno ali neopozivo. Mada radoznao i ljubopitljiv, ipak je po naravi bio uzdržan, i kada je malo porazmislio, pocrveneo je zbog sopstvene nametljivosti. Pamet su mu brzo zaokupile druge stvari. Nekoliko dana je proveo lutajući među ruševnim građevinama mavarske arhitekture, tim melanholičnim spomenicima jednog otmenog i putenog naroda. Išao je duž pustih hodnika Alhambre, kroz raj mavarskih kraljeva. Obišao je veliko dvorište lavova, čuveno po gnusnom pokolju viteških Abenseraha. Zadivljeno je posmatrao njene kupole u mozaicima, veličanstveno oslikane zlatnim i nebeskoplavim; njene mramorne bazene, alabasterske vaze koje su podupirali lavovi, ukrašene natpisima.

Mašta mu se raspaljivala dok je lutao kroz te prizore. Oni su bili sračunati da probude sve odu-

11

ševljenje mladog uma. Većinu hodnika nekada su ukrašavali šedrvani. Istančani ukus Arapa uživao je u svetlucavoj čistoti i blagotvornoj svežini vode; tom tananom elementu podigli su nešto poput oltara sa svake strane. U Alhambri se sa arhitekturom meša poezija. Njome odišu i sami zidovi. Kuda god bi Antonio pogledao, uočavao je natpise na arapskom u kojima je na tim zidovima tajno predskazana večnost mavarske moći i sjaja.

Avaj! Kako je to proročanstvo bilo izopačeno! Mnogi bazeni iz kojih su nekada svetlucavo šikljali vodoskoci bili su suvi i prašnjavi. Neke palate bile su pretvorene u sumorne manastire i bosonogi monah koračao je kroz te vrtove koji su nekada gizdavo blistali i odjekivali od mavarske muzike i otmenosti.

Tokom svojih lutanja student je više puta sreo starca iz biblioteke. On je uvek bio sam i tako zamišljen da nije primećivao nikoga oko sebe. Izgledalo je da je zaokupljen proučavanjem onih poluzakopanih natpisa koji se tu i tamo mogu naći među mavarskim ruševinama, kao da iz zemlje šapuću priču o nekadašnjoj veličini. Najveći deo natpisa već je bio preveden, ali su u to vreme mnogi smatrali da oni sadrže simbolička otkrivenja i zlatne maksime arapskih mudraca i zvezdočataca. Kada je Antonio video da neznanac, kako je izgledalo, tumači one natpise, osetio je silnu čežnju da se upozna sa njim i da učestvuje u njegovim čudnovatim istraživanjima; ali odbijanje na koje je naišao u biblioteci odvratilo ga je od bilo kakvog daljeg obraćanja.

Jedne večeri se zaputio na sveto brdo koje se nadvija nad prelepom dolinom koju napaja Duero, nad plodnom ravnicom zvanom Vega i svom onom bogatom raznolikošću dolina i planina koje okružuju Granadu zemaljskim rajem. Bio je sumrak kada se našao na mestu gde se danas nalaze kapele poznate pod imenom Svete Peći. Zovu ih i kapele od pećina, i u njima su navodno bili spaljeni neki od prvih svetaca. U vreme Antonijeve posete to mesto je bilo predmet velikog zanimanja. Tokom iskopavanja u pećinama nedavno je pronađeno nekoliko rukopisa ugraviranih u olovne pločice. Bili su ispisani na arapskom jeziku, svi osim jednog, pisanog nepoznatim slovima. Papa je izdao bulu i zabranio svima, pod pretnjom ekskomunikacije, da o tim rukopisima govore. Ta zabrana je samo izazvala još veću radoznalost; naokolo se mnogo šuškalo kako ti rukopisi sadrže blaga mračnog i zabranjenog znanja.

Dok je Antonio istraživao mesto na kojem su tajanstveni rukopisi iskopani, ponovo je primetio starca iz biblioteke kako tumara između ruševina. To je sada potpuno raspalilo njegovu radoznalost; vreme i mesto poslužili su da je podstaknu još jače. Rešio je da posmatra tog tragača za tajnim i zaboravljenim znanjima i da ga prati do mesta na kojem stanuje. U tome je bilo nečega nalik na pustolovinu, što je očaralo njegovu sklonost ka romantici. Zato je pratio neznanca na malom odstojanju, najpre oprezno, ali je ubrzo primetio da je ovaj tako utonuo u misli da je slabo primećivao spoljašnje stvari.

Išli su duž podnožja planine, pa onda senovitim obalama Duera. Nastavili su put, negde izvan Granade, samotnim puteljkom koji je vodio u brda. Pomrčina je postajala sve gušća, a kada se neznanac zaustavio pred kapijom usamljene kuće bio je mrkli mrak.

Ispostavilo se da je to samo jedno krilo, ili ruševan deo nečega što je nekada bila građevina od izvesnog značaja. Zidovi su bili veoma debeli; prozori uski, svuda zaštićeni gvozdenim šipkama. Vrata su bila od dasaka pričvršćenih gvozdenim klinovima, veoma jaka, mada su sada bila prilično propala. Na jednom kraju zgrade nalazila se ruševna kula u mavarskom arhitektonskom stilu. Građevina je verovatno bila seoski letnjikovac, ili zamak za uživanje, iz vremena kada je Granada bila pod Mavarima, dovoljno jaka da bi izdržala svaki od povremenih napada u ta ratna vremena.

Starac je pokucao na kapiju. Pojavilo se svetlo u prozorčiću odmah iznad nje, i provirila je ženska glava: mogla je da posluži kao model za neku od Rafaelovih svetica. Kosa joj je bila prelepo upletena i skupljena u svilenu mrežicu; imala je, koliko se moglo proceniti na tom svetlu, ten meke, raskošne brinete, što tako dobro pristaje južnjačkoj lepoti.

„Ja sam, dete moje", rekao je starac. Lice je istog trenutka nestalo, i ubrzo su se otvorila vratanca na prostranoj kapiji. Antonio, koji se bio primakao zgradi, na trenutak je opazio tanani ženski oblik. Par finih crnih očiju iznenađeno je pogledao kada je video neznanca kako se vrzma u blizini, i vrata su se brže-bolje zatvorila.

Bilo je nečega u tom iznenadnom blesku lepote što je čudesno pogodilo studentovu maštu. Bilo je

14

to nešto poput brilijanta koji blesne iz svoje tamne kutijice. Tumarao je naokolo, posmatrajući sumornu zgradurinu sa sve većim zanimanjem. Nekoliko jednostavnih, divljih nota koje su doprle iza stenja i drveća nedaleko odatle privuklo mu je pažnju. Tamo je zatekao grupu Cigana, skitničku rasu, kojih je u to doba u Španiji bilo u izobilju, i koji su živeli u kolibama i pećinama po brdima u okolini Granade. Neki su vredno poslovali oko vatre, drugi slušali neobičnu muziku koju je jedan od njihovih drugova, sedeći na kamenoj ivici, izvodio na dvojnicama.

Antonio se potrudio da od njih izvuče neka obaveštenja u vezi sa starom zgradom i njenim stanovnicima. Onaj koji je izgleda govorio u njihovo ime bio je usukan momak sitnog koraka, šaputavog glasa i zlokobnog pogleda. Slegnuo je ramenima na studentova pitanja i rekao da u toj kući nije sve u redu. U njoj živi neki starac koga niko ne poznaje i čija jedina porodica su izgleda ćerka i sluškinja. On i njegovi drugovi, dodao je, žive u okolnim brdima; i kada noću tuda naiđu, često viđaju čudna svetla i čuju neobične zvuke iz kule. Neki seljaci koji rade po vinogradima u brdima veruju da se taj starac bavi crnom veštinom, i ne vole baš previše da noću prolaze pored kule; „Ali što se nas tiče", rekao je Ciganin, „mi nismo ljudi koje muče takvi strahovi."

Student se trudio da izvuče tačnija obaveštenja, ali mu ih oni nisu mogli pružiti. Počeli su da traže naknadu za ono što su mu već kazali; i pošto se prisetio da je to mesto pusto i da su njegovi drugovi skitničke naravi, rado im je dao napojnicu i požurio kući.

Vratio se svome učenju, ali mu je mozak bio prepun onoga što je video i čuo; pogled mu se spuštao na stranicu, ali mu se mašta i dalje vraćala na kulu; stalno je zamišljao onaj prozorčić sa prelepom glavom koja je provirila kroz njega; ili poluotvorena vrata i nimfoliko obličje koje se pojavilo na njima. Legao je u krevet, ali ga je ista stvar proganjala i u snovima. Bio je mlad i osetljiv; njegova osećanja, uzburkana lutanjem kroz boravišta nekadašnjih čari i junaštva, unapred su ga pripremila da ženska lepota iznenada ostavi utisak na njega.

Sledećeg jutra ponovo je pošao u šetnju u pravcu kule. Ona je bila još samotnija na punoj dnevnoj svetlosti nego u večernjoj pomrčini. Zidovi su se krunili, korov i mahovina rasli su iz svake pukotine. Više je ličila na zatvor nego na kuću u kojoj neko stanuje. U jednom uglu, međutim, opazio je prozor koji je izgledao kao izuzetak od okolne zapuštenosti. Na njega je bila navučena zavesa, i cveće je stajalo u prozorskom okviru. Dok ga je posmatrao, zavesa se malo pomakla i tanana bela ruka najljupkijih oblina ispružila se da zalije cveće.

Student je napravio šum kako bi privukao pažnju lepe cvećarke. Uspeo je u tome. Zavesa se još malo pomakla, i on je uspeo da na trenutak vidi ono isto lepo lice koje je video i prethodne večeri; video ga je samo na časak – zavesa je ponovo navučena i prozorsko krilo zatvoreno. Sve to bilo je sračunato da izazove osećanja kod romantičnog mladića. Da je neznanku video u drugačijim okolnostima, verovatno ga njena lepota nikada ne bi osvojila; ali to što je izgledalo kao da su je zatvorili i držali po strani davalo joj je vrednost brižljivo čuvanog dragulja. Iznova i iznova je prolazio ispred kuće u više navrata tokom dana, ali ništa nije video. Uveče je ponovo bio tu. Cela kuća izgledala je sumorno. Kroz uske prozore nisu dopirali zraci vesele svetlosti koji bi pokazivali da se iza njih vodi društveni život. Antonio je osluškivao pred kapijom, ali nikakav zvuk glasova nije mu dopro do uha. Tek kada je čuo kako su se zalupila neka vrata u daljini, pošto se uplašio da ga ne zateknu prilikom nedostojnog čina prisluškivanja, brže-bolje se povukao na drugu stranu ulice i ostao u senci ruševnog svoda.

Sada je primetio svetlost sa prozora na kuli. Bila je nestalna i treperava; obično slaba i žućkasta, kao iz lampe; povremeno, uz gdekoji proplamsaj žive metalne boje, za kojim bi usledio mutan sjaj. Stub gustog dima s vremena na vreme bi se podigao u vazduh i lebdeo iznad kule poput baldahina. Svuda oko zgrade i njenih stanovnika bilo je toliko usamljenosti i kao nekakve tajne, da je Antonio napola bio sklon da opravda mišljenje seljaka i pomisli da je to jazbina nekog moćnog čarobnjaka, a lepa devojka koju je video, nekakva lepotica na koju su bačene čini.

Pošto je proteklo izvesno vreme, pojavila se svetlost u prozoru na kojem je video prelepu ruku. Zavesa je bila navučena, ali je bila tako tanka da je uspeo da opazi senku nekoga ko hoda tamo-amo između prozora i svetla. Učinilo mu se da može da razazna da je obličje tanano; a po čilosti pokreta, da je očigledno mlado. Uopšte nije sumnjao da je to ložnica njegove lepe neznanke.

Sada je začuo zvuk gitare i ženski glas kako peva. Oprezno se primakao i slušao. Bila je to tužna mavarska balada u kojoj je prepoznao jadikovke Abenseraha dok napušta zidine prelepe Granade. Bila je puna strasti i nežnosti. Govorila je o slastima rane mladosti; o časovima ljubavi u kojima je uživao na obalama Duera i među blaženim boravištima u Alhambri. Jadikovala je nad izgubljenom čašću Abenseraha i molila da bude izvršena osveta nad njihovim progoniteljima. Muzika je ostavila utisak na Antonija. Neobično se podudarala sa ovim mestom. Izgledala je kao glas iz prošlosti koji odjekuje u sadašnjosti i diše među spomenicima njihove nekadašnje slave.

Glas je utihnuo; posle nekog vremena svetlost je nestala i sve je bilo mirno. „Ona spava!" rekao je Antonio nežno. Tumarao je oko zgrade sa odanošću sa kakvom ljubavnik luta oko ložnice uspavane lepotice. Mesec na izlasku bacao je srebrne zrake na sive zidove i treperio na prozorskom oknu. Sumorni pejzaž u pozni čas polako je prigušio njegov sjaj. Zaključivši, otuda, da više neće moći da se kreće po pomrčini i strahujući da bi njegovo tumaranje mogli biti opaženo, on se nevoljno udaljio.

Radoznalost koja je u prvi mah mladića privukla kuli sada je našla podršku u osećanjima romantičnije prirode. Učenje je napustio gotovo potpuno. Sprovodio je neku vrstu opsade stare kuće; poneo bi knjigu sa sobom i veliki deo dana proveo pod drvećem u njenoj blizini; budno motreći na nju i trudeći se da sazna kuda se kreće njegova tajanstvena čarobnica. Otkrio je, međutim, da ona ne izlazi nikada osim kada ide na bogosluženje, a tada je prati otac. Čekao je pred vratima crkve i nudio joj osveštanu vodicu, u nadi da će joj dodirnuti ruku; bila je to mala usluga udvarača uobičajena u katoličkim zemljama. Ona je to, međutim, skromno odbijala ne dižući pogled da vidi ko je nudi, i uvek je sama uzimala iz krstionice. Bila je brižljiva u svojoj pobožnosti; nikada nije skidala pogled sa oltara ili sveštenika; a kada bi se vraćala kući, lice bi joj bilo gotovo potpuno skriveno ispod mantilje.

Antonio ju je sada pratio već nekoliko dana i taj lov ga je iz časa u čas sve više zanimao, ali divljoj životinjici nikada nije prilazio ni korak bliže. Njegova šunjanja oko kuće su verovatno bila primećena, pošto na prozoru više nije viđao lepo lice, ni belu ruku koja bi se pružila da zalije cveće. Jedina uteha mu je bila to što se svake noći vraćao na svoje osmatračko mesto i slušao je kako pevuši; i ako bi kojim slučajem uspeo da opazi njenu senku kako se kreće tamo-amo pored prozora, smatrao je sebe za velikog srećnika.

Dok je tako sebi puštao na volju tokom jednog od tih večernjih bdenja, koja su bila čista naslada mašte, šum koraka koji su mu se približavali naterao ga je da se skloni u duboku senku ruševnog svoda naspram kule. Približavao mu se neki konjanik umotan u dug španski ogrtač. Stao je pod prozor na kuli i ubrzo počeo serenadu u pratnji gitare, u uobičajenom stilu španskog udvaranja. Glas mu je bio bogat i muževan; vešto je dodirivao instrument, i pevao sa zaljubljenom i strasnom rečitošću. Peruška na šeširu bila mu je prikačena draguljima koji su svetlucali na mesečini; dok je svirao na gitari ogrtač mu je spao sa ramena i pokazalo se da je bogato odeven. Bilo je očigledno da je ugledna osoba.

U tom trenutku kroz Antonijev um sevnula je pomisao da je naklonost njegove neznane lepotice možda okrenuta drugome. Bila je mlada, i van svake sumnje osetljiva; a španskim ženama nije u prirodi da ostanu gluve i neosetljive na muziku i divljenje. To podozrenje sa sobom je donelo sumorna osećanja. Prijatan san koji je trajao nekoliko dana iznenada se raspršio. Nikada ranije nije osetio nikakvu nežnu strast; a pošto su jutarnji snovi uvek beskrajno prijatni, drage bi volje ostao u zabludi.

„Ali šta se mene tiču njene naklonosti?" pomislio je. „Ne polažem pravo na njeno srce, pa čak ni na poznanstvo sa njom. Otkud znam da li je uopšte vredna naklonosti? Ili, ako i jeste, zar je ovako otmen udvarač kao što je ovaj, sa onim svojim draguljima, svojim položajem i odvratnom muzikom, ne bi potpuno osvojio? Kakva me je to dokonost spopala? Moram se vratiti svojim knjigama. Učenje, učenje će brzo oterati sve te puste maštarije!"

Što je više razmišljao, međutim, to se više uplitao u opčinjenost koju je živahna mašta izatkala oko njega; i sada, kada se pojavio suparnik, uz ostale prepreke koje su okruživale začaranu lepoticu, izgledala mu je deset puta lepša i poželjnija. Izvesnu blagu utehu pričinjavalo mu je to što je opažao da neznančevo udvaranje, kako je izgledalo, iz kule ne dobija odgovor. Svetlo u prozoru se ugasilo. Zavesa je ostala navučena, i nijedan od uobičajenih znakova nije se pojavio da kaže da je serenada prihvaćena.

Vitez je neko vreme tumarao naokolo i otpevao još nekoliko nežnih melodija sa ukusom i osećanjem od kojih je Antonija srce zabolelo; na kraju se polako povukao. Student je ostao skrštenih ruku, naslonjen na ruševni luk, trudeći se da prikupi dovoljno odlučnosti da pođe; ali, ona romantična opčinjenost i dalje ga je vezivala za to mesto. „Ovo je poslednji put", rekao je, spreman na kompromis između osećanja i razuma, „ovo je poslednji put; pa onda, što da ne uživam u tom snu još koji trenutak."

Dok je kružio pogledom po staroj zgradi da je osmotri za zbogom, primetio je čudnu svetlost na kuli, koju je zapazio i u prethodnoj prilici. Pojačavala se i slabila, kao i prošli put. Stub dima digao se u vazduh i lebdeo u crnim oblacima. Očigledno je starac obavljao neki od onih zahvata koji su ga u celoj okolini izneli na glas kao čarobnjaka.

Odjednom je snažan blesak sevnuo u prozorskom oknu, a za njim se začuo glasan prasak, i zatim video žestok crvenkast sjaj. Na prozoru se pojavila neka prilika, ispuštajući bolne ili preplašene krike, ali je odmah zatim nestala, i gust dim i plamen pokuljali su kroz uzani otvor. Antonio je poleteo prema kapiji i počeo žestoko da lupa. Ogovorila mu je samo glasna vriska, te je otkrio da su žene već bespomoćno užasnute. Uloživši očajničke snage izvalio je vratanca iz šarki i uleteo u kuću.

Zatekao se u malom zasvođenom hodniku i, pod mesečinom koja je ulazila kroz vrata, ugledao stepenište sa leve strane. Ustrčao je uz njega do uskog hodnika kroz koji se valjao gusti dim. Tu je zatekao dve žene u bezumnom strahu; jedna je sklopila ruke i preklinjala ga da joj spase oca.

Hodnik se završavao spiralnim stepeništem koje je vodilo u kulu. Penjao se uz stepenike u skokovima sve do malih vrata kroz koja je kroz pukotine dopirao sjaj plamena i kuljao dim. Razvalio ih je i zatekao se u nekoj drevnoj zasvođenoj odaji opremljenoj sa peći i raznom hemičarskom opremom. Razbijena retorta ležala je na kamenom podu; velika količina zapaljivih tvari, gotovo sagorela, i mnoštvo oprljenih knjiga i hartija bacale su uvis plamen na izdisaju i punile sobu zagušljivim dimom. Na samom pragu ležao je navodni čarobnjak. Krvario je, odeća mu je bila oprljena, delovao je beživotno. Antonio ga je podigao, sneo ga niz stepenice u odaju u kojoj je bilo svetla i položio ga na krevet. Služavku su poslali da donese ona sredstva koja su se u kući mogla naći; ali ćerka se mahnito uhvatila za bolesnika i niko je nije mogao navesti da se pribere od užasa. Haljina joj je bila sva u neredu; razbarušena kosa joj je visila u bogatom neredu niz vrat i preko grudi; nikada nije bilo lepše slike straha i žalosti.

Studentova veština i upornost ubrzo su proizveli znake vraćanja života u njegovog pacijenta. Starčeve rane, mada teške, nisu bile opasne. Očigledno su nastale od rasprskavanja retorte; onako zaprepašćenog obavila su ga zagušljiva metalna isparenja, koja su savladala njegovo slabo telo, i da mu Antonio nije pritekao u pomoć, moguće je da se nikada ne bi oporavio.

Polako mu se vraćala svest. Zapanjeno se osvrnuo oko sebe po odaji, pogledao uzbuđenu grupu kraj sebe i studenta koji se naginjao nad njim.

„Gde sam?" rekao je divlje.

Na zvuk njegovog glasa, njegova ćerka je ispustila tihi uzvik oduševljenja. „Jadna moja Ines!" rekao je on grleći je; a zatim, spustivši ruku na glavu, i povukavši je umrljanu krvlju, kao da se odjednom prisetio, i uzbuđenje ga je savladalo.

„Ah!" povikao je, „sa mnom je svršeno! Sve je propalo! Sve je nestalo! Nestalo za tili čas! Moj životni trud propao!"

Ćerka je pokušala da ga umiri, ali je on pao u slabo bunilo i nepovezano buncao o zlim đavolima, i o tome kako je kuća zelenog lava uništena. Pošto su mu rane previjene i dati svi drugi lekovi koje je njegovo stanje zahtevalo, utonuo je u tišinu. Antonio je sada pažnju posvetio ćerki, čija patnja je bila jedva nešto manja od patnje njenog oca. Pošto je teškom mukom uspeo da umiri njena strahovanja, potrudio se da je ubedi da se povuče i potraži odmor toliko potreban njenom telu, ponudivši se da ostane pored njenog oca do jutra. „Ja sam stranac," rekao je, „istina, i moja ponuda vam može izgledati nametljivo; ali vidim da ste sami i bespomoćni, i prinuđen sam da pređem granice obične pristojnosti. Ako zbog bilo čega osećate neprijatnost ili sumnju, međutim, recite samo reč, i ja ću se smesta povući."

Takva je iskrenost, ljubaznost i skromnost izbijala iz Antonijevog držanja da je izazivala trenutno poverenje; njegova jednostavna studentska odora bila je preporuka u siromašnoj kući. Žene su pristale da prepuste ranjenika njegovoj brizi kako bi o njemu mogle bolje da se staraju sledećeg dana. Na polasku, stara služavka ga je blagoslovila od sveg srca; ćerka mu je zahvalila samo pogledom; ali pošto je taj pogled zablistao kroz suze kojima su joj se napunile fine crne oči, student je smatrao da je zahvalnost tako hiljadu puta rečitija.

Tako se, dakle, jedinstvenim obrtom sreće, našao usred te tajanstvene kuće. Kada je ostao sam i kada je usplahirenost zbog pređašnjeg prizora prestala, srce mu je poskočilo kada se osvrnuo po odaji u kojoj je sedeo. Bila je to ćerkina soba, obećana zemlja kojoj je upućivao onolike čežnjive poglede. Nameštaj je bio star i verovatno je bio u kući još od nekih srećnijih dana; ali sve je bilo uredno sređeno. Cveće o kojem ju je gledao kako se stara stajalo je u prozoru; gitara je bila naslonjena uza sto na kojem je stajalo raspeće, a ispred njega su bili položeni molitvenik i brojanice. U tom gnezdašcu nevinosti vladala je atmosfera čistote i vedrine; bilo je obeleženo čednim i spokojnim duhom. Nešto malo ženske odeće ležalo je na stolicama; tu je bio i sam krevet na kojem je ona spavala – jastuk na koji se naslanjao njen meki obraz! Siroti student hodao je po začaranom tlu; jer, u kojoj zemlji iz bajke ima više magije od spavaće sobe nevinosti i lepote?

Iz nekih starčevih reči tokom buncanja, kao i iz onoga što je zapazio tokom potonje posete kuli, kuda je otišao da proveri da li je vatra ugašena, Antonio je shvatio da je njegov pacijent alhemičar. Kamen mudrosti bio je predmet za kojim su u to vreme zanesenjaci revnosno tragali; ali, usled praznoverica i predrasuda iz tih vremena i čestih proganjanja posvećenika, bili su primorani da svoje oglede sprovode u tajnosti; u samotnim kućama, u pećinama i ruševinama, ili u samoći manastirskih ćelija.

Tokom noći starac je imao nekoliko napada uznemirenosti i bunila; prizivao je Teofrasta, i Gebera, i Alberta Velikog, i druge znalce svoje veštine; povremeno bi mrmljao nešto o fermentaciji i projekciji, sve dok pred svitanje nije još jednom utonuo u spasonosni san. Kada je jutarnje sunce spustilo svoje zrake na prozorsko okno, lepa Ines je, crveneći, u pratnji služavke ušla u odaju. Student se sada oprostio, pošto je i sam osećao potrebu za odmorom, ali mu je spremno dopušteno da se vrati i raspita se o bolesniku.

Kada je ponovo došao, zatekao je alhemičara malaksalog i u bolovima ali, kako je izgledalo, više mu je patio um nego telo. Bunilo je bilo prošlo, i bio je obavešten o pojedinostima svoga izbavljenja, kao i o nezi koju mu je student potom pružio. Jedva da je mogao učiniti išta drugo osim da se zahvali, ali Antono nije tražio zahvalnost; njegovo srce odužilo mu se za sve što je učinio, i bezmalo se radovao nesreći koja mu je omogućila da uđe u tajanstvenu kuću. Alhemičar je bio tako bespomoćan da mu je bilo potrebno mnogo nege; Antonio je zato ostao kraj njega najveći deo toga dana. Ponovo ga je posetio sledećeg dana, i sledećeg. Svakoga dana njegovo društvo je nesrećnom čoveku izgledalo sve prijatnije; svakoga dana student je osećao kako njegovo zanimanje za alhemičara raste. Možda je prisustvo ćerke bilo u pozadini ovolike uslužnosti.

25

Sa alhemičarom je vodio česte i duge razgovore. Zaključio je da je on, a tome su ljudi sa interesovanjima poput njegovih bili skloni, u sebi nosio mešavinu oduševljenja i prostodušnosti; bio je to čovek koji je sa radoznalošću mnogo čitao o stvarima od male koristi, ali se uopšte nije zanimao za svakodnevni život, i pokazivao duboko nepoznavanje sveta. Bio je duboko upućen u neobične i mračne grane znanja, veoma sklon zanesenjačkim spekulacijama. Antonio, čiji um je bio romantične prirode, i sam je posvećivao izvesnu pažnju okultnim naukama, i o tim temama govorio sa žarom koji je oduševio filosofa. Njihovi razgovori često su se vrteli oko astrologije, gatanja, i veletajne. Starac bi zaboravio na bolove i rane, poput aveti bi se uspravio u krevetu i raspričao se o svojim omiljenim temama. Kada bi mu obazrivo skrenuli pažnju na njegovo stanje, to bi kod njega izazvalo nov nalet misli.

„Avaj, sine moj!" rekao bi, „zar baš ova oronulost i patnja nisu još jedan dokaz važnosti tajni kojima smo okruženi? Zašto nas sapinje bolest, zašto nas starost izbrazda borama, zašto duh gasne, da tako kažem, u nama, ako ne zato što smo izgubili one tajne života i mladosti koje su naši praroditelji znali pre svoga pada? Filosofi su oduvek težili tome da ih ponovo steknu; ali baš kada se nađu na ivici da zauvek obezbede dragocene tajne, kratkom razdoblju života dođe kraj; oni umru, a sa njima i sva njihova mudrost i iskustvo. 'Ništa', kako primećuje De Nejsment, 'čoveku ništa ne nedostaje osim dužeg života, manje ometanog nedaćama i bolestima, da bi u svom savršenstvu mogao doći do potpunog i neokrnjenog poznavanja stvari.'"

Vremenom je Antonio toliko osvojio srce svog pacijenta da je iz njega izvukao glavne crte njegove priče.

Feliks de Vaskes, alhemičar, bio je rodom iz Kastilje, potomak drevne i časne loze. U mladosti se oženio prelepom ženom, poteklom iz jedne od mavarskih porodica. Taj brak se nije dopao njegovom ocu, koji je smatrao da je čista španska krv zagađena tim mešanjem sa strancima. Istina, dama je vodila poreklo od jedne od porodica Abenseraha, najplemenitijih mavarskih plemića, koji su prigrlili hrišćansku veru kada su proterani izvan zidina Granade.

Očev povređen ponos, međutim, nije se mogao umiriti. Nikada posle toga više nije video sina, i na samrti mu je ostavio samo sićušan deo svog imanja; a ostalo je zaveštao, u svojoj pobožnosti i gorčini srca, podizanju manastira i čitanju misa za duše u čistilištu. Don Feliks je dugo živeo u okolini Valjadolida, u jadnom i bednom stanju. Svesrdno se posvetio učenju pošto je, dok je bio na univerzitetu u Salamanki, razvio sklonost prema okultnim naukama. Osećao je oduševljenje, voleo je spekulaciju; išao je do jedne do druge grane znanja, sve dok nije postao revnosni tragač za tajnom nad tajnama.

U tu potragu najpre se upustio u nadi da će se izdići iz tadašnje povučenosti i ponovo steći položaj i dostojanstvo na koje je po rođenju polagao pravo; ali, kao i obično, stvar se završila tako što mu je ta potraga zaokupila svaku misao i postala njegov životni zadatak. Vremenom su ga domaće nevolje izvukle iz tog zanesenjaštva. Zloćudna groznica pokosila mu je ženu i svu decu, osim male ćerke. Ti gubici su ga savladali i otupeli na neko vreme. Njegov dom je na izvestan način iščezao iz njegove okoline, i osećao se usamljeno i izgubljeno. Kada je u njemu ponovo živnuo duh, odlučio je da napusti pozornicu svog poniženja i propasti; da povede dete koje mu je još preostalo daleko od poprišta zaraze, i da se ne vrati u Kastilju sve dok ne bude bio kadar da ponovo polaže pravo na čast svoje loze.

. Od tog trenutka on je lutao i nije se smirio niti skućio; ponekad je živeo u gradovima punim ljudi, a ponekad, opet, u potpunoj samoći. Pretraživao je biblioteke, razmišljao o natpisima, posećivao sledbenike nauke iz raznih zemalja i trudio se da prikupi i sabere zrake koje su na tajne alhemije bacali različiti umovi. Jednom je putovao čak u Padovu da potraži rukopis Petra od Abana i pregleda urnu koja je bila iskopana na Bliskom Istoku, za koju se pretpostavljalo da ju je zakopao Maksim Olibije i da sadrži veliki eliksir.[1]

Dok je boravio u Padovi, sreo se sa nekim posvećenikom upućenim u arapske nauke, koji je pričao o neprocenjivim rukopisima što su zacelo osta-

---

[1] Ta urna pronađena je 1533. godine. Sadržala je u sebi manju, u kojoj se nalazila upaljena svetiljka između dve bočice, jedne zlatne, druge srebrne, obe pune neke vrlo bistre tečnosti. Na većoj je stajao natpis u kojem je stajalo da je Maksim Olibije u ovaj mali sud zatvorio elemente koje je pripremio uz velike napore. Bilo je mnogo rasprava među poznavaocima tog pitanja. Najraširenije je bilo mišljenje da je taj Maksim Olibije bio stanovnik Padove, da je otkrio veliku tajnu, i da te posude sadrže tečnosti, jedna onu koja pretvara metale u zlato, a druga u srebro. Seljaci koji su pronašli urne, misleći da je ta dragocena tečnost obična voda, prosuli su sve do poslednje kapi, tako da je veština transmutacije metala ostala ista onakva tajna kakva je uvek i bila.

li u španskim bibliotekama, sačuvani posle pohare mavarskih akademija i univerziteta; o tome kako je moguće naći dragocene neobjavljene spise Gebera, i Alfarabija, i Avicene, velikih lekara iz arapskih škola koji su, dobro je poznato, mnogo pisali o alhemiji; ali, pre svega je pričao o arapskim olovnim tablicama koje su nedavno iskopane u okolini Granade, i koje su, čvrsto se verovalo među posvećenicima, sadržale izgubljene tajne ove veštine.

Neumorni alhemičar još jednom se zaputio u Španiju, ispunjen obnovljenom nadom. Stigao je do Granade: iznurivao se učenjem arapskog, tumačenjem natpisa, preturajući po bibliotekama i sledeći svaki mogući trag koji su ostavili arapski mudraci.

U svim tim lutanjima pratila ga je Ines, u dobru i u zlu, u radostima i nedaćama; nikad se nije žalila, nego se trudila da mu ublaži brige svojim nevinim i radosnim milovanjima. Vreme odmora koristio je da bi je podučavao, i uživao je u tome. Dok su tako lutali, ona je rasla, i nije znala ni za kakav drugi dom osim da bude pored njega. On joj je bio porodica, prijatelji, dom, on joj je bio sve. On ju je nosio u naručju kada su počeli putovanje; ugnezdio ju je, kao orao svoje mladunče, u stenovite visove Sjere Morene; kraj njega se igrala u detinjstvu, u samoći Bateuka; sledila ga je kao što jagnje sledi pastira, preko krševitih Pirineja, duž blagih ravnica Langedoka; a sada je izrasla da može da se osloni na nju u svojim nesigurnim koracima kroz ruševna boravišta predaka njene majke.

Tokom putovanja i eksperimentisanja imanje mu se polako trošilo. Ipak ga je nada, stalni pratilac alhemičara, i dalje vodila; uvek na ivici da ubere nagradu za svoj trud, i uvek razočaran. Sa lakovernošću koja se u njegovoj veštini često sreće, mnoga od svojih razočaranja pripisao je spletkarenjima zlih duhova koji saleću alhemičara na njegovom putu i muče ga u njegovim usamljeničkim poslovima. „Oni se stalno trude", primetio je, „da zatvore svaki put ka vrhunskim istinama koje bi čoveku omogućile da se uzdigne iznad bednog stanja u koje je pao i da se vrati prvobitnom savršenstvu." Svoju poslednju nedaću pripisivao je zlodelima tih đavola. Bio je na samom pragu slavnog otkrića; znaci nikada nisu bili tako potpuno povoljni; sve se odvijalo uspešno, kada je, u kritičnom trenutku koji je trebalo da kruniše njegove napore uspehom i da ga popne na sam vrh ljudske moći i sreće, rasprskavanje retorte uništilo i njega i njegovu laboratoriju.

„Sada moram", rekao je, „da odustanem na samom pragu uspeha. Moje knjige i hartije su izgorele; oprema mi je uništena. Previše sam star da se nosim sa tim zlima. Žar koji me je nekada nosio, nestao je; moje siroto telo je iscrpljeno od proučavanja i nespavanja, i ova poslednja nedaća tera me prema grobu." Završio je tonom duboke utučenosti. Antonio se trudio da ga uteši i ohrabri; ali siroti alhemičar postao je svestan svetskih zala koja su se gomilala oko njega, i klonuo duhom. Pošto je malo poćutao, i zamišljeno i zbunjeno izvio obrve, Antonio se usudio da predloži nešto.

„Odavno sam", rekao je, „prožet ljubavlju prema tajnim naukama, ali sam osećao da su moje znanje i samopouzdanje premali da bih im se predao. Vi ste stekli iskustvo; sabrali ste znanje celog jednog života; bilo bi šteta da ono propadne. Kažete da ste previše stari da biste nastavili rad u laboratoriji; dopustite mi da se toga poduhvatim. Saberite vaše znanje sa mojom mladošću i radinošću, i šta sve nećemo postići? Kao dokaz vernosti i prilog sredstvima sa kojima ćemo nastaviti, uložiću u zajedničku kasu izvesnu sumu zlata, ostatak nasledstva koje mi je omogućilo da završim škole. Siromašan student ne može mnogo da se trsi; ali verujem da ćemo uskoro dovesti sebe izvan domašaja oskudice; a ako ne uspemo, pa onda, moraću da se oslonim, poput drugih obrazovanih ljudi, na svoju pamet da me vodi po svetu.“

Filosofov duh je, međutim, bio mnogo potišteniji nego što je student zamišljao. Ovaj poslednji udarac, koji je usledio za tolikim razočaranjima, gotovo je poništio bilo kakav odgovor njegovog uma. Žar entuzijaste, međutim, nikada nije toliko slab da ne može ponovo da se raspiri u plamen. Korak po korak, starca su razgalili i oraspoložili polet i žar njegovog živahnog druga. Na kraju je pristao da prihvati studentove usluge i da još jednom iznova započne oglede. Protivio se, međutim, tome da se upotrebi studentovo zlato, uprkos tome što je njegovo bilo gotovo iscrpljeno; to protivljenje ubrzo je savladano; student je uporno tražio da ga dodaju u zajedničku kasu radi zajedničkog cilja; osim toga, kako je besmisleno bilo svako ustezanje povodom takve sitnice među ljudima koji su hteli da otkriju kamen mudrosti!

Dok se, dakle, alhemičar polako oporavljao, student je marljivo ponovo zavodio red u laboratoriji.

Ona je bila pokrivena krhotinama retorti i pretaka-
ča, starim loncima za topljenje, kutijama i bočica-
ma sa praškovima i eliksirima, i napola izgorelim
knjigama i rukopisima.

Čim se starac dovoljno oporavio, nastavljena su
proučavanja i ogledi. Student je postao povlašćeni
i česti posetilac i bio je neumoran u poslovanju u
laboratoriji. Filosof je uz podsticaje svog učenika
svakoga dana sticao novo oduševljenje i duh. Sada
je mogao da nastavi poduhvat koji iziskuje stalne
napore, pošto je imao tako radinog pomoćnika da
sa njime podeli posao. Dok je on pažljivo pregle-
dao spise Sandivogija, Filaleta i Dominusa de Nej-
smenta i trudio se da protumači simbolički jezik u
koji su ovi zaključali svoje tajne, Antonio se bavio
retortama i loncima za topljenje i pazio da peć stal-
no bude upaljena.

Međutim, i pored sveg truda u otkrivanju zlatne
veštine, studentova osećanja prema onome što ga
je prvo dovelo u ovu ruševnu kuću nisu se ohladi-
la. Tokom starčeve bolesti često je imao priliku da
bude u blizini ćerke; svakim danom postajao je sve
osetljiviji na njene čari. U njenom ponašanju bilo je
neke čiste prostodušnosti i gotovo pasivne dobrote;
ali sa svim tim mešalo se nešto, da li puka devojač-
ka stidljivost, ili svest o visokom poreklu, ili trun-
ka kastiljanskog ponosa, ili možda sve to zajedno,
što je onemogućavalo nedoličnu prisnost i devojku
činilo teško pristupačnom. Opasnost koja je pretila
ocu i mere koje je trebalo preduzimati radi njego-
vog ozdravljenja u prvi mah su savladale tu stidlji-
vost i uzdržanost, ali kako se on oporavljao i njen
strah slabio, ona kao da se pokajala zbog bliskosti

koju je dopuštala mladom neznancu i svakim danom postajala sve stidljivija i ćutljivija.

Antonio je pročitao mnogo knjiga, ali ovo je bila prva knjiga ženskosti koju je ikada proučavao. Osvojila ga je već sama naslovna stranica; ali što je dalje čitao, to se više oduševljavao. Ona kao da je bila stvorena da voli; njeno blago crno oko lagano je klizilo ispod dugih svilenkastih trepavica, i kud god bi se okrenulo, oklevalo bi i zastajalo; u svakom njenom pogledu bilo je nežnosti. Samo prema njemu bila je uzdržana i nepristupačna. Sada kada je zajednička briga u bolesničkoj sobi okončana, viđao ju je jedva nešto više nego pre no što je bio primljen u kuću. Ponekad bi je sreo kada bi odlazio u laboratoriju ili se vraćao odande, i u tim trenucima uvek bi se pojavio osmeh i crvenilo; ali posle običnog pozdrava, ona bi nečujno iščezla.

„Jasno je kao dan", mislio je Antonio, „preda mnom oseća ravnodušnost, ako ne i dosadu. Primetila je moje divljenje i rešena je da ga obeshrabri; samo osećaj zahvalnosti je sprečava da se prema meni odnosi sa naglašenom odvratnošću – a osim toga, zar nema onog drugog udvarača, bogatog, otmenog, raskošnog, muzikalnog? Kako sam mogao da pretpostavim da će okrenuti leđa onako izvanrednom plemiću i pogledati sirotog i nepoznatog studenta koji čeprka po ugljevlju u laboratoriji njenog oca?"

Odista, pomisao na zaljubljenog pevača serenada stalno ga je proganjala u mislima. Bio je ubeđen da je to dragan kome je ona poklonila naklonost; a ipak, ako je tako, zašto on nije dolazio u kulu? Zašto joj se nije obraćao u po bela dana? Bilo je nekakve tajne u tom uhođenju i muzičkom udvaranju. Nesumnjivo, Ines nije mogla da ohrabruje spletke iz potaje! O, ne! Bila je previše nevešta, previše čista, previše čedna! A ipak, španske žene su toliko sklone ljubavi i spletkama; i muzika i mesečina su tako zavodljivi, a Ines ima tako nežnu dušu, čeznutljivu u svakom pogledu. —„Oh!" uzviknuo bi siroti student kršeći ruke, „oh, kada bih samo jednom mogao da pogledam one nežne oči koje me ozareno gledaju sa naklonošću!"

Onima koji to nisu iskusili izgleda neverovatno na koliko oskudnoj hrani ljudski život i ljudska ljubav mogu da opstanu. Suva korica bačena s vremena na vreme čoveku koji umire od gladi daće mu nove snage; i slab osmeh ili ljubazan pogled upućen s vremena na vreme nateraće zaljubljenog čoveka da i dalje voli onda kada bi čovek pri zdravoj pameti pao u očajanje.

Kada se Antonio našao sam u laboratoriji, u mislima ga je proganjao neki takav pogled, ili osmeh, koji je u prolazu primio. Osvetljavao ga je sa svake moguće strane i pretresao ga sa svom samozadovoljnošću i svim samozadirkivanjem za koje je kadar zaljubljen čovek.

Predeo oko njega bio je dovoljan da probudi to sladostrašće osećanja koje tako pogoduje narastanju strasti. Prozor na kuli dizao se iznad drveća u romantičnoj dolini Duera i gledao na neke od najlepših predela u dolini Vega, gde drveta limuna i narandže zalivaju sveži izvori i potoci sa najčistijom vodom.

Henil i Duero vijugali su blistavim tokom duž ravnice, i svetlucali kroz šumarke. Okolna brda bila su pokrivena vinogradima, a planine, ovenčane snegom, kao da su se topile u plavetnilu neba. Blagi povetarci koji su ćarlijali oko kule nosili su miris mirte i pupoljaka narandže, a uho je očaravao nežni cvrkut slavuja, koji u tim srećnim krajevima peva po ceo dan. Ponekad bi se začula i dokona pesma mazgara koji se vuku pustim drumovima; ili zvuci gitare iz grupe seljaka koji igraju u senci. Sve je to bilo dovoljno da napuni glavu mladog ljubavnika pesničkim maštarijama; i Antonio je zamišljao kako bi mogao da luta među tim srećnim drvećem, da tumara duž tih blagih reka, i da život provede vodeći ljubav sa Ines.

Ponekad bi se naljutio na tu svoju slabost i potrudio bi se da rastera tu paučinu iz glave. Odjednom bi se napregao i skrenuo misli na proučavanje okultnog, ili bi ga zaneo neki zamršeni postupak; ali često, kada bi delimično uspeo da veže pažnju za nešto, zvuk Inesine laute, ili meki tonovi njenog glasa, ušunjali bi se u tišinu odaje i kao da bi počeli da lebde oko kule. Ona nije svirala preterano vešto; ali Antonio je mislio da nikada nije čuo muziku koja bi se mogla uporediti sa ovom. Čarobno je bilo slušati je kako pevuši neku svoju narodnu pesmu, neku od onih malih španskih romansi ili mavarskih balada koje slušaoca u mislima prenesu na obale Gvadalkivira, ili na zidine Alhambre, i ga navedu da sanja o lepoticama, balkonima i serenadama na mesečini.

Nikada nijedan siroti student nije bio jače obuzet tugom od Antonija. Ljubav je u najboljem slučaju naporan družbenik u učenju, ali u alhemičarovoj laboratoriji je njeno nametanje prava propast. Umesto da pazi na retorte i lonce za topljenje, da prati tok ogleda koji mu je poveren, studenta bi zaneo neki od ljubavnih snova iz kojeg bi ga često probudila kobna katastrofa. Filosof bi, kada bi se vratio posle istraživanja u bibliotekama, video da je sve pošlo naopako i da Antonio očajava nad upropašćenim ostacima celodnevnog posla. Starac je, međutim, sve to primao mirno, pošto je njegov život bio život pun pokušaja i neuspeha.

„Moramo imati strpljenja, sine moj", rekao bi, „kao što su ga imali i svi veliki učitelji koji su išli pre nas. Greške, nesreće i zastoji su nešto sa čime se moramo boriti. Zar Pontan nije grešio dve stotine puta pre nego što je dobio makar samo tvar na kojoj će zasnovati svoje oglede? I veliki Flamel, isto tako, zar i on nije dvadeset i četiri godine naporno radio pre nego što je utvrdio prvu supstancu? Sa kakvim se sve teškoćama i nedaćama nije sreo Kartilacej na samom pragu svojih otkrića? Pa onda Bernar Trevizan, čak i kada je saznao sve što je potrebno, zar i onda nije morao da čeka pune tri godine? Ono što ti smatraš nesrećnim slučajevima, sine moj, samo su spletkarenja naših nevidljivih neprijatelja. Zlatne tajne i blaga prirode okružuju duhovi neprijateljski raspoloženi prema ljudima. Vazduh oko nas udružuje se sa njima. Oni vrebaju iz vatre u peći, sa dna lonca za topljenje, iz pretakača, i uvek budno motre da ugrabe priliku u onim trenucima kada nam misli odlutaju od intenzivne meditacije o velikoj istini za kojom tragamo. Jedino moramo težiti da se što više pročistimo od onih grubih zemaljskih osećanja koja nam zamagljuju dušu i ne dozvoljavaju joj da prodre u tajnu prirode."

„Avaj!" pomislio je Antonio, „ako pročišćenje od svih zemaljskih osećanja iziskuje da prestanem da volim Ines, bojim se da nikada neću otkriti kamen mudrosti!"

Neko vreme stvari su se tako odvijale u alhemičarovoj kući. Iz dana u dan studentovo zlato pretvaralo se u paru i odlazilo kroz dimnjak; svaki udar vazduha u peći činio ga je za dukat siromašnijim, a kako je izgledalo, to mu nije pomagalo da priđe ni korak bliže zlatnoj tajni. Mladić je ipak i dalje istrajavao i bez reči gledao kako kovanica po kovanica nestaje: imao je svakodnevnu priliku da viđa Ines, i osećao da bi njena naklonost bila bolja od srebra i zlata, i da svaki njen osmeh vredi po dukat.

Ponekad, u svežini večeri, kada bi poslovi u laboratoriji bili prekinuti, prošetao bi sa alhemičarom po onome što je nekada bio vrt koji pripada kući. Tu je još bilo ostataka terasa i balustrada, ovde-onde neka mermerna urna, ili oboreni osakaćeni kip, zarastao u korov i podivljalo cveće. To je bilo hemičarovo omiljeno mesto u vreme odmora, gde bi puštao svoj zanesenjački polet da se potpuno razmahne. Um mu je bio prožet učenjima o ružinom krstu. Verovao je u elementarna bića; neka od njih blagonaklona, druga neprijateljski raspoložena prema njegovim poslovima; a kada bi mu se mašta razbuktala, često je zamišljao da se u svojim usamljeničkim šetnjama između drveća koje je šuštalo i zidina koje su odjekivale u tom starom vrtu, u stvari sjedinjava sa njima.

Kada bi Antonio pošao sa njim, on bi taj večernji odmor produžavao. Odista, ponekad bi to radio iz obzira prema svom učeniku, pošto se pribojavao da bi njegova velika prilježnost i stalna izolovanost u kuli mogli naškoditi njegovom zdravlju. Bio je oduševljen i iznenađen tim izvanrednim oduševljenjem i istrajnošću kod tako mladog početnika, i na njega gledao kao na nekoga ko je predodređen da postane jedan od velikih prosvetitelja veštine. Iz straha da student ne bi gunđao što gube vreme na te odmore, dobri alhemičar bi ih ispunio korisnim naucima o stvarima povezanim sa njihovim poslovima; šetao bi sa svojim učenikom gore-dole duž aleja i davao mu usmene pouke, poput drevnog filosofa. U svim njegovim zanesenjačkim snovima te pouke odisale su duhom uzvišene, mada zaludne filantropije kojom je stekao učenikovo divljenje. Ništa prljavo ni čulno, ništa sitničavo ni sebično kao da nije ulazilo u njegove poglede na velika otkrića koja je predviđao. Naprotiv, mašta bi mu se raspalila kada bi pomislio na sreću koja bi bila dostupna svima. Radovao se vremenu kada će moći da obilazi zemlju pomažući ubogima i tešeći nevoljnike i da uz ta neograničena sredstva smišlja i sprovodi planove za potpuno iskorenjivanje siromaštva i svih patnji i zločina koji ga prate. Nikada nije bilo većih planova za opšte dobro od one raspodele beskrajnog bogatstva i sveopšteg blagostanja koje je tada taj siroti, ubogi alhemičar smislio u svojoj ruševnoj kuli.

Antonio je učestvovao u tim peripatetičkim predavanjima sa svim žarom poklonika; ali postojala je još jedna okolnost koja im je možda davala tajanstvenu čar. Vrt je bio mesto odmora i za Ines, tamo je ona šetala u vreme predaha; to je bila jedina razonoda koju je dozvoljavao njen povučeni život.

Dok je Antonio poslušno koračao kraj svog učitelja, često je mogao da krajičkom oka vidi kćer kako zamišljeno šeta duž aleja u blago predvečerje. Ponekad bi neočekivano naišli na nju, i studentovo srce bi poskočilo od uzbuđenja. Crvenilo bi takođe obojilo Inesine obraze, ali je ona ipak prolazila dalje i nikada im se nije pridruživala.

Jedne večeri ostao je sve do veoma kasno sa alhemičarom na tom omiljenom mestu. Noć posle sparnog dana bila je predivna, i blagotvorni vazduh u vrtu bio je naročito osvežavajući. Starac je sedeo na ostatku nekog postolja, izgledajući kao deo ruševine na koju se naslonio. Davao je svom učeniku duge pouke mudrosti koja je dolazila od zvezda, dok su one sijale blistavim sjajem na tamnoplavom svodu južnog neba; on je duboko poznavao Bemena i druge sledbenike ružinog krsta, i mnogo je govorio o potpisu zemaljskih stvari i prolaznih događaja, koji se može razaznati na nebu; o moći koju zvezde imaju nad telesnim bićima, o njihovom uticaju na sudbine sinova čovečijih.

Mesec se postupno izdizao i bacao svoju blistavu svetlost na drveće. Antonio je naizgled pažljivo slušao mudraca, ali njegovo uho se napajalo melodijom Inesinog glasa; ona je pevala uz svoju lautu na nekoj mesečinom osvetljenoj zaravni u vrtu. Pošto je starac iscrpao svoju temu, ostao je ćutke i snatreći, zagledan u nebesa. Antonio nije mogao da odoli želji da krišom baci pogled na svoju stidljivu lepoticu, koja je tako igrala ulogu slavuja, onako povučena i muzikalna. Ostavivši alhemičara njegovim nebeskim sanjarijama, on se tiho iskrao duž jedne od aleja. Muzika je prestala, i učinilo mu se da čuje zvuk

39

glasova. Stigao je u ugao nekog šibljaka koji je zaklanjao nekakav zeleni kutak ukrašen šedrvanom od mermera. Mesec je sijao punim sjajem na tom mestu, i pod njegovom svetlošću ugledao je svog neznanog suparnika, pevača serenada, pred Inesinim nogama. Ovaj ju je držao za ruku, koju je prekrio poljupcima; ali kada je opazio Antonija, ustao je i napola isukao mač, dok je Ines, oslobodivši se, pobegla nazad u kuću.

Sve Antonijeve ljubomorne sumnje i strahovi sada su bili potvrđeni. Nije ostao da se suoči sa nezadovoljstvom koje je kod svog srećnog suparnika izazvalo to što su ga onako prekinuli, nego je napustio to mesto sa iznenadnom žalošću u srcu. To što Ines voli nekoga drugog bio bi već dovoljan jad; ali to što je kadra za nečasnu ljubavnu vezu potreslo ga je iz dna duše. Pomisao da bi onako mlado i naizgled neiskusno biće moglo biti spremno na prevaru sa sobom je donela ono iznenadno nepoverenje u ljudsku prirodu koje ume da zada toliko muka mladom i domišljatom umu; ali kada je pomislio na dobrog, prostodušnog roditelja koga je ona varala, i koji je svu svoju naklonost usredotočio na nju, na trenutak je osetio ljutnju, bezmalo gnušanje.

Zatekao je alhemičara kako još sedi zanesenjački posmatrajući mesec. „Dođi ovamo, sine moj", rekao je on sa uobičajenim oduševljenjem, „dođi da zajedno čitamo ovu ogromnu knjigu mudrosti koja se svake noći otvara pred nama da je prelistavamo. Haldejski umnici su mudro tvrdili da je nebo nalik mističnoj stranici koja govori onima koji mogu da je ispravno razumeju; upozorava ih na dobro i zlo, i poučava ih tajnim odlukama sudbine."

Studenta je srce bolelo zbog njegovog časnog učitelja; na trenutak je osetio uzaludnost njegove okultne mudrosti. „Avaj! Siroti starac!" pomislio je. „Od kakve je koristi sve njegovo proučavanje? Teško da si mogao i pomisliti, dok si bio zaokupljen sanjalačkim razmišljanjima o zvezdama, kakva izdaja tvoje sreće se dešava pred tvojim očima; maltene, u samom tvom okrilju! O, Ines! Ines! Kako da tražimo istinu i nevinost, kako da imamo poverenja u ženu, ako čak i ti možeš da prevariš?"

Bile su to oveštale kletve kakve upućuje svaki zaljubljen čovek kada otkrije da njegova voljena nije baš onakva boginja kakvom ju je on zamišljao. Kod studenta je, međutim, to proisteklo iz časnog bola u srcu. Vratio se u svoj stan kukavan, pometenih misli. Sada je žalio što se bio onako zaneo i što ga je zanos doveo do toga da se njegova osećanja onako duboko vežu. Odlučio je da napusti poslove u kuli i da se uzda u to da će odsustvo raspršiti opčinjenost koja ga je bila obuzela. Nije više čeznuo za otkrivanjem velikog eliksira: alhemičarski san bio je završen; bez Ines, šta mu je vredeo kamen mudrosti?

Ustao je, posle neprospavane noći, rešen da se oprosti od alhemičara i da ode iz Granade. Nekoliko dana ustajao je sa istom odlukom, a svake večeri vraćao se na svoj jastuk da jadikuje nad nedostatkom odlučnosti i da donosi nove odluke za sledeći dan. U međuvremenu, Ines je viđao manje nego ikada. Ona više nije šetala po vrtu, nego je gotovo sve vreme ostajala u svojim odajama. Kada bi ga srela, pocrvenela bi više nego obično; jednom je počela da okleva, kao da želi da mu se obrati; ali, posle trenutne zbunjenosti i još jačeg crvenila, samo je

41

nešto uzgred promrmljala i otišla. Antonio je u toj zbunjenosti pročitao svest o grehu, i o tome da je greh bio otkriven. „Šta je to mogla hteti da kaže? Možda da objasni prizor u vrtu; ali kako bi mogla da ga objasni, ili zašto bi meni to objašnjavala? Šta sam ja njoj? Ili tačnije, šta je ona meni?" uzvikivao je on nestrpljivo, donoseći nove odluke da prekine svu tu zbrku u srcu i da zauvek pobegne sa ovog začaranog mesta.

Iste večeri vraćao se u svoj stan pun izvanredne odlučnosti kada se, na senovitom delu druma, mimoišao sa osobom koju je po visini i obličju prepoznao kao svog suparnika: on je išao u pravcu kule. Ako mu je i bila preostala bilo kakva sumnja, to je bila prilika da je potpuno otkloni. Odlučio je da pođe za neznanim vitezom i da pod zaštitom tame posmatra njegovo kretanje. Ako bi bio pušten u kulu, ili na bilo koji način bio dočekan sa naklonošću, Antonio bi to osetio kao olakšanje za svoj um, što bi mu omogućilo da učvrsti svoju koleebljivu odluku.

Kada se neznanac primakao kuli, postao je oprezniji i trudio se da ostane neopažen. Pod drvećem mu se pridružila druga osoba sa kojom se dugo sašaptavao. U Inesinim odajama gorelo je svetlo; zavesa je bila spuštena, ali je prozorsko krilo bilo otvoreno, pošto je noć bila topla. Posle nekog vremena, svetlo se ugasilo. Proteklo je mnogo vremena. Vitez i njegov drug ostali su u senci drveća, kao na straži. Na kraju su prišli kuli, tihim i opreznim koracima. Vitez je uzeo ugašenu lampu od svog druga i skinuo ogrtač. Onaj drugi je tada tiho doneo nešto ispod drveća, i Antonio je video da su to lagane lestve: naslonio ih je uza zid, pa se pevač serenada polako popeo. Antonija je savladao osećaj mučnine. Ovo je bila potvrda svih njegovih strahova. Upravo je nameravao da ode odatle i da se više nikada ne vrati, kada je začuo prigušen vrisak iz Inesine odaje.

Istoga trena, momak koji je stajao u podnožju lestvi bacio se potrbuške na zemlju. Antonio mu je oteo stilet iz slabašne ruke i potrčao uz lestve. Uskočio je kroz prozor i zatekao Ines kako se otima iz ruku navodnog suparnika; ovaj poslednji, ometen u svom zločinstvu, dohvatio je lampu, uperio svetlost u Antonija i, isukavši mač, besno nasrnuo na njega; na sreću, student je opazio odsjaj svetlosti duž oštrice, i stiletom uzvratio na udarac. Usledila je žestoka, ali neravnopravna borba. Antonio se borio izložen bleštavoj svetlosti, dok je njegov protivnik bio u senci: njegov stilet bio je slabo oružje naspram rapira. Video je da ga neće spasti ništa osim da se uhvati ukoštac sa protivnikom i da se domogne njegovog oružja: žestoko je nasrnuo na njega i snažno ga udario stiletom; ali zauzvrat je bio ranjen kratkim mačem. U isti mah primio je udarac s leđa koji mu je zadao protivnikov saveznik, koji se bio popeo uz lestve; od udarca je pao na zemlju, a njegovi protivnici su pobegli.

Dotle su već Inesini krici dozvali njenog oca i služavku u sobu. Antonija su zatekli ogrezlog u krvi, bez svesti. Odneli su ga u alhemičarovu odaju, i on mu je sada uzvratio na ljubaznosti i pažnji kojima je student nekada obasipao njega. Među raznovrsnim znanjima koja je imao bila je i izvesna hirurška veština, koja je u tom trenutku bila vrednija čak i od njegovog znanja iz hemije. Zaustavio je krvarenje i previo mu rane, za koje se prilikom pregleda pokazalo da su manje beznadežne nego što je u prvi mah izgledalo. Nekoliko dana, međutim, njegovo stanje je bilo zabrinjavajuće i skopčano sa opasnošću. Starac je bdeo nad njim brižno kao roditelj. Osećao je dvostruki dug zahvalnosti prema njemu, zbog svoje ćerke i zbog sebe; voleo ga je kao odanog i revnosnog učenika; i pribojavao se da svet kojim slučajem ne bude lišen obećavajućih talenata onako častoljubivog alhemičara.

Zbog izvanredne građe, rane su mu se brzo zalečile; a tu je bio i melem Inesinih pogleda i reči, od kojeg su mu zacelile one još teže rane što ih je nosio na srcu. Ona je pokazivala veliko zanimanje za njegovu bezbednost; nazivala ga svojim izbaviteljem, svojim spasiocem. Izgledalo je kao da tom zahvalnošću pokušava da mu se, toplinom svoje zahvalnosti, oduži za pređašnju hladnoću. Ali ono što je najviše doprinelo Antonijevom oporavku bilo je njeno objašnjenje u vezi sa navodnim suparnikom. Proteklo je dosta vremena otkako ju je prvi put video u crkvi, i od tada ju je stalno proganjao svojim udvaranjima. Saletao ju je u njenim šetnjama, tako da je na kraju bila prinuđena da se zatvori u kuću, osim kada je bila u pratnji oca. Opsedao ju je pismima, serenadama, i svakom veštinom kojom je umeo da nastavi žarko, ali potajno i nečasno udvaranje. Prizor u vrtu bio je jednako iznenađenje za nju kao i za Antonija. Njen progonitelj bio je privučen njenim glasom, i uspeo je da se provuče preko porušenog dela zida. Zatekao ju je nespremnu i zadržavao je silom, uveravajući je u svoju uvredljivu strast, kada se student pojavio i prekinuo ga, a njoj pružio priliku da pobegne. Ustručavala se da pomene ocu proganjanje koje je morala da trpi; želela je da ga poštedi uzaludnih briga i nevolja, bila je odlučila da se još strože zatvori u kuću; mada, kako se pokazalo, čak ni tu nije bila bezbedna od njegovog drskog napada.

Antonio ju je pitao zna li ime tog žustrog obožavaoca? Odgovorila je da joj se udvarao pod lažnim imenom; međutim, jednom je čula da ga zovu imenom don Ambrosio de Loha.

Antonio je znao za njega, po čuvenju, kao jednog od najodlučnijih i najopasnijih razvratnika u celoj Granadi. Vešt, umešan i, ako bi tako odlučio, udvorica; ali drzak i plahovit u potrazi za uživanjima; nasilan i neumoljiv kada bi bio ozlojeđen. Obradovao se kada je otkrio da je Ines odolela njegovim zavođenjima; ohrabrila ga je njena odbojnost prema njegovoj drskosti; ali drhtao je pomišljajući na opasnosti kojima je bila izložena i osećao zebnju zbog opasnosti koje joj još prete.

Sada je, međutim, bilo verovatno da će se neprijatelj na neko vreme primiriti. Tragovi krvi nađeni su na izvesnoj udaljenosti od lestvi, dok se nisu izgubili u čestaru; i pošto ga od tada više nisu ni čuli ni videli, zaključili su da je bio ozbiljno ranjen.

Dok se student oporavljao od rana, bio je u prilici da se pridruži Ines i njenom ocu u domaćem druženju. Odaja u kojoj su se obično okupljali u ranija vremena verovatno je bila svečani salon. Pod je bio od mermera; zidovi delom pokriveni ostacima tapiserija; stolice, bogato izrezbarene i pozlaćene, bile su ispucale od starosti i pokrivene potamnelim i pohabanim brokatom. Na zidu je visio dugačak, zarđao rapir, jedini ostatak viteštva svojih

45

predaka koji je starac zadržao. U kontrastu između kuće i njenih stanara, između sadašnjeg siromaštva i sjaja nekadašnje veličine, moglo je biti nečega što bi izazivalo osmeh, ali studentova mašta unela je toliko romantičnosti u to zdanje i njegove stanare da je svaka stvar bila zaodevena čarima. Filosof, sa svojim slomljenim ponosom i svojim čudnim poslovima, kao da je s melanholijom podnosio bedu u kojoj je živeo; a u ćerki je bilo neke urođene otmenosti duha, što je pokazivalo da je u srećnija vremena umela da svojim prisustvom ulepša kuću.

Kako su divni bili ti trenuci za studenta! Ines više nije bila stidljiva i uzdržana. Bila je po naravi bezazlena i poverljiva; mada je proganjanje koje je doživela od jednog udvarača tada učinilo sumnjičavom i opreznom prema drugom. Sada je osećala puno poverenje u Antonijevu iskrenost i vrlinu, pomešanu sa ogromnom zahvalnošću. Kada bi njene oči srele njegove, zasjale bi sa naklonošću i blagošću; i Antonio, koga više nije proganjala pomisao na srećnog suparnika, još jednom se ponadao uspehu.

Prilikom tih domaćih susreta, međutim, imao je malo prilike da joj se udvara, osim kroz knjige. Alhemičar, koji je pretpostavljao da je i on, poput njega samog, sav obuzet proučavanjem alhemije, trudio se da mu dosadu tokom oporavka razbije dugim razgovorima o toj veštini. Čak je doneo i nekoliko svojih napola izgorelih knjiga koje je student nekada spasao iz plamena, i nagradio ga za istrajnost čitanjem dugih odlomaka. Zabavljao bi ga velikim i dobrim delima koja je Flamel izveo uz pomoć kamena mudrosti, pomažući udovicama i siročadi, podižući bolnice, gradeći crkve, i šta sve ne; ili pi-

tanjima kralja Halida, i odgovorima Morijena, rim-
skog pustinjaka iz Jerusalima; ili dubokim pitanji-
ma koja je Elard, nigromant iz Katalonije, postav-
ljao đavolu, a koja su se ticala tajni alhemije, i
đavolovim odgovorima.

Sve to bilo je izraženo na okultnom jeziku, go-
tovo nerazumljivom za učenikovo neuvežbano uho.
Odista, starac je uživao u mističkim rečenicama i
simboličkom žargonu u koje su pisci koji su se bavi-
li alhemijom uvijali svoje spise, čineći ih razumlji-
vim samo za upućene. S kakvim bi zanosom podi-
gao glas pred odlomkom u kojem se pobedonosno
najavljuje veliko otkriće! „Videćeš", uskliknuo bi,
rečima Hajnriha Kunrata[2], „kako kamen mudrosti
(našega kralja) iznosi iz ložnice staklenog groba na
pozornicu ovoga sveta; to je preporođen i usavr-
šen, blistavi karbunkul najblažeg sjaja, čiji su naj-
tananiji i najčistiji delovi nerazdvojni i sjedinjeni u
skladnu mešavinu, bez premca, proziran poput kri-
stala, blistavo crven poput rubina, uvek se preliva
ili bruji, postojan u svim iskušenjima; odista, čak i
kada se izloži samoj sumpornoj vatri, i proždrlji-
vim vodama, i najžešćem plamu, uvek nesagorljiv
i večan poput salamandera!"

Student je osećao veliko divljenje prema očevi-
ma alhemije, i duboko poštovanje prema svom uči-
telju; ali šta su Hajnrih Kunrat Geber, Lili, pa čak i
sam Albert Veliki, u poređenju sa Inesinom licem
koje mu je pokazivalo onakvu stranicu lepote da je
pručava? I zato, dok je dobri alhemičar sipao zna-
nje iz časa u čas, njegov učenik zaboravljao je na
knjige, na alhemiju, na sve osim ljupkog predmeta

---

[2] Amfiteatar Večnog znanja.

pred sobom. Ines je takođe, neiskusna u nauci srca, polako postajala opčinjena nemim pažnjama svog udvarača. Iz dana u dan izgledala je sve zapanjenija žarkim i neobično prijatnim osećanjima u svom srcu. Često je zamišljeno obarala pogled. Obrazi bi joj se zarumeneli bez nekog vidnog razloga i laki, napola prigušeni uzdasi usledili bi za tim kratkim trenucima sanjarenja. Njene male balade, premda one iste koje je uvek pevala, ipak su odisale nežnijim duhom, bilo zato što je ton njenog glasa bio mekši i dirljiviji, ili što su neki delovi otpevani sa osećanjem koje nikada ranije nije unosila u njih. Antonio je, pored ljubavi prema tajnim naukama, imao sklonosti i prema muzici; nijedan filosof nikada nije dodirnuo gitaru sa više ukusa. Kako je postepeno savlađivao uzajamni stid koji ih je držao razdvojene, usudio se da počne da prati Ines u nekim od njenih pesama. Glas mu je bio pun vatre i nežnosti: dok je pevao, čovek bi po raspaljenom crvenilu njegove družbenice pomislio da on to pred njom govori o sopstvenoj strasti. Neka se oni koji žele da dva mlada srca drže razdvojena pripaze muzike. Oh! Ono naginjanje preko stolica, izučavanje iste notne sveske, i preplitanje glasova, i stapanje u harmoniji! Nemački valcer nije ništa u poređenju sa time.

Valjani alhemičar ništa od toga nije video. Njegov um nije mogao da prihvati pomisao koja nije bila vezana za otkrivanje velike tajne i pretpostavljao je da je njegov mladi pomoćnik isto tako posvećen. Kada je u pitanju ljudska priroda, on je bio obično dete; a što se tiče ljubavne strasti, ako ju je nekada i osetio, već je bio odavno zaboravio da je u njegovom životu uopšte postojala takva dokona strast. Ali dok je on sanjario, tajna ljubav se nastavljala. Upravo tišina i skrovitost toga mesta pomagali su da romantična strast naraste. Tek propupeli cvet ljubavi mogao je da se otvara laticu po laticu, i nije bilo nepovoljnog vetra da zaustavi njegov procvat. Tu nije bilo ni nametljivog prijateljstva da se mrzne od njegovih saveta, niti podmukle zavisti da vene od njegovih poruga, niti radoznalog sveta koji bi nadgledao i zbunjivao ga svojim zurenjem. Nije bilo ni izjave, ni zakletve, niti bilo kojeg drugog oblika Kupidonove licemerne škole. Njihova su se srca spojila u jedno, i razumela su jedno drugo bez pomoći jezika. Povukla ih je najjača struja ljubavi, nesvesne njene dubine, ne pomišljajući na hridi koje bi mogle vrebati ispod površine. Srećnih li ljubavnika! Ništa im nije nedostajalo da bi njihova sreća bila potpuna, osim otkrića kamena mudrosti!

Vremenom je Antonio dovoljno ozdravio da bi mogao da se vrati u svoj stan u Granadi. Ipak, osećao se nelagodno što napušta kulu dok njene gotovo bespomoćne stanare možda iz okoline vreba opasnost. Strahovao je da bi don Ambrosio, oporavivši se od rana, mogao da smisli neki nov napad, tajnom veštinom ili otvorenim nasiljem. Po svemu što je čuo, znao je da je taj čovek previše nemilosrdan da bi otrpeo da njegov poraz prođe bez osvete, i previše plah i surov kada mu lukavstva ne bi uspela da bi ga bilo kakav smeo postupak zaustavio da ne ostvari svoj cilj. Izneo je svoje strepnje alhemičaru i njegovoj ćerki, i predložio im da napuste opasnu blizinu Granade.

„Imam rođake", rekao je, „u Valensiji, istina, siromašne, ali čestite i dobronamerne. Kod njih ćete naći prijateljstvo i mir, i tamo možemo neometano da nastavimo svoj posao." I dalje im je slikao lepote i čari Valensije, sa svom privrženošću koja se oseća prema rodnom kraju i svom rečitošću sa kojom zaljubljen čovek slika polja i šumarke koje zamišlja kao buduću pozornicu svoje sreće. Njegova rečitost, potpomognuta Inesinim strahovanjem, imala je uspeha kod alhemičara, koji je, odista, vodio previše nemiran život da bi obraćao pažnju na to u kojem će mestu živeti; tako je odlučeno da, čim se Antonio potpuno oporavi, napuste kulu i potraže prijatnu okolinu Valensije.[3]

Kako bi pribrao snage, student je prekinuo poslove u laboratoriji i nekoliko dana preostalih pred odlazak proveo pogledom se opraštajući od očaravajuće okoline Granade. Osećao je da mu se vraćaju zdravlje i snaga dok je udisao čisti i blagi povetarac što ćarlija preko tih brda; srećno stanje duha doprinelo je njegovom brzom oporavku. Ines ga je često pratila u tim šetnjama. To što je sa majčine strane poticala od jedne od drevnih mavarskih porodica podsticalo je u njoj zanimanje za ovo neka-

---

[3] Tu su najjače svile, najslađa vina, najbolji bademi, najizvrsnija ulja i najlepše žene u celoj Španiji. Čak i beslovesne životinje u tome kraju prave sebi ležaje od ruzmarina i drugog mirisnog cveća; a kada je čovek na moru, ako vetar dune sa obale, može da nanjuši to tle i pre nego što ga ugleda, na mnogo milja udaljenosti, po snažnom miomirisu koje ono ispušta. Kao što je kraj izvanredno prijatan, tu je u isti mah i najblaža klima u celoj Španiji, i obično je nazivaju drugom Italijom; to je navelo Mavare, kojih je na hiljade proterano i poslato u Berberiju, da pomisle kako se Raj nalazi u onom delu neba koje se nadvija nad tim gradom. – Hauelova *Pisma*.

da omiljeno sedište arapske moći. Oduševljeno je posmatrala njihove veličanstvene spomenike, a pamćenje joj je bilo puno priča iz predanja i balada o mavarskom viteštvu. Odista, usamljenički život koji je vodila i zanesenjaštvo uma njenog oca ostavili su pečat na njenom karakteru i dali mu boju onoga što bi se u današnje vreme nazvalo romantičnost. Ona je razvila punu snagu kroz ove nove događaje; jer, kada žena prvi put počne da voli, za nju je ceo život romansa.

Tokom jedne od njihovih večernjih šetnji popeli su se na Planinu Sunca, gde se nalazi Heneralife, palata za uživanje iz dana mavarske vlasti, ali sada sumorni samostan kapucinera. Šetali su po njegovom vrtu, između drveća narandže, limuna i čempresa, gde vode, slivajući se u bujicama, ili izlivajući se u fontane, ili šikljajući u blistavim mlazovima, ispunjavaju vazduh muzikom i svežinom.

Nekakva melanholija, pomešana sa svim lepotama toga vrta, postepeno je preplavila osećanja zaljubljenih. To mesto puno je tužnih priča o prošlim vremenima. Bilo je to omiljeno boravište lepe kraljice Granade, gde se ona okruživala uživanjima veselog i sladostrasnog dvora. I upravo tu, među te iste bokore ruža, klevetnici su smestili priču o njenom obeščašćenju, i zadali kobni udarac lozi otmenih Abenseraha.

Ceo vrt izgledao je propalo i zapušteno. Mnogi šedrvani bili su suvi i polomljeni; potočići su se izlili iz svojih mermernih kanala i gušio ih je korov i opalo lišće. Kroz ševar u kojem se ona nekada igrala među ružama i krhkim mirisom narandžinog cveta fijukao je vetar. Samostansko zvono širi zlokoban zvuk, ili dremljivo večernje pluta kroz ovu samoću, koja je nekada odjekivala od pesme, i igre, i ljubavnih serenada. Mavari zaista treba da jadikuju nad gubitkom ovog raja na zemlji; zaista treba da ga se sećaju u svojim molitvama i da preklinju Nebo da ga vrati vernicima; njihovi izaslanici zaista treba da se biju u grudi kada posmatraju te spomenike svoje rase i da sednu i da plaču sred izbledele slave Granade!

Nemoguće je lutati tim pozornicama nestale ljubavi i radosti, a ne osetiti kako se budi nežnost u srcu. Tada se Antonio prvi put usudio da spomene svoju strast i da rečima iskaže ono što su njegove oči već odavno onako rečito otkrivale. Svoje priznanje izgovorio je strasno, ali otvoreno. Nije mogao ponuditi vesele izglede: bio je siromašan student, oslanjao se na svoj „odvažan duh da ga hrani i oblači". Ali zaljubljena žena nije račundžija koji gleda svoju korist. Ines ga je saslušala oborenih očiju, ali u njima je bilo vlažnog sjaja koji je pokazivao da je njeno srce sa njim. U njenoj prirodi nije bilo prenemaganja; a nije ni provela dovoljno vremena u društvu da bi se tome naučila. Volela ga je baš onako potpuno, zaboravljajući na uživanja ovoga sveta, kako to čini prava žena; i kroz stidljive osmehe i crvenilo na obrazima, on je iz nje izmamio skromno priznanje njene naklonosti.

Lutali su po vrtu, sa onim slatkim otrovom u duši za koji znaju samo srećni ljubavnici. Svet oko njih bio je zemlja iz bajke; i odista, pred očima im se ukazao jedan od najprijatnijih prizora, kao da treba da im ispuni san o sreći na zemlji. Pogledali su kroz drveće narandži granadske kule ispod sebe;

veličanstvenu dolinu Vega u daljini, šibanu mlazevima večernjeg sunca, i daleka brda obojena ružičastim i ljubičastim prelivima: sve je to izgledalo kao znak sreće budućnosti koju su ljubav i nada udešavale za njih.

Kao da želi da upotpuni taj prizor, grupa Andalužana počela je da igra na jednom od vidikovaca u vrtu, uz pratnju gitara dvojice svirača skitnica. Španska muzika je divlja i žalosna, a ipak, ljudi uz nju igraju bodro i razdragano. Slikovite prilike igrača i devojaka sa kosom u svilenim mrežicama koje su im ukrašene sponama i kićankama visile niz leđa, mantilje koje su lepršale oko njihovih ljupkih obličja, malena stopala koja su im izvirivala ispod sukanja, ruke dignute u vazduh da bi udarale kastanjetama, izgledali su predivno u tim vazdušastim visinama, u bogatom večernjem pejzažu koji se pružao ispod njih.

Kada se igra završila, dvoje iz grupe prišli su Antoniju i Ines; i jedna od njih počela je blagu i nežnu mavarsku baladu, dok ju je onaj drugi pratio na lauti. U pesmi se pominjala priča o vrtu, poniženja lepe kraljice Granade, i nedaće Abenseraha. Bila je to jedna od drevnih balada kakvih ima u izobilju u ovom delu Španije i koje žive, poput odjeka, na ruševinama mavarske veličine. Inesino srce u tom trenutku bilo je otvoreno za svaki nežni utisak; suze su joj navrle na oči dok je slušala pesmu. Pevačica joj je prišla bliže; izgledala je zadivljujuće; mlada, lepa, s mešavinom divljačnosti i melanholije u finim crnim očima. Bolno i rečito ih je uprla u Ines, a onda, odjednom promenivši držanje, zapevala drugu baladu, koja je govorila o neposrednoj opasnosti i izdaji. Sve je to moglo proći kao pevačicin slučajan hir, da nije bilo nečega u njenom pogledu, držanju i pokretima što je celu stvar učinilo kobnom i uznemirujućom.

Ines je upravo htela da je upita šta znači tako očigledno lično upućena pesma, kada ju je Antonio, koji ju je blago odvukao sa tog mesta, prekinuo u tome. Dok je ona bila zaneta pažljivo prateći muziku, on je opazio grupu muškaraca kako se došaptavaju u senci drveća. Pokrivali su ih široki šeširi i dugački ogrtači kakve Španci rado nose, i dok su pažljivo posmatrali njega i Ines, izgledalo je kao da se brinu da ih neko ne vidi. Ne znajući kakva im je narav i kakve su im namere, on je požurio da napusti to mesto gde bi sve gušće večernje senke mogle da ih izlože tuđoj nametljivosti i uvredama. Dok su se spuštali niz brdo, prolazeći kroz šumu brestova pomešanih sa topolama i oleanderima koja oivičava put što vodi iz Alhambre, ponovo je video one ljude kako ih, učinilo mu se, prate iz daleka; potom ih je opazio među drvećem na obali Duera. Ništa o tome nije rekao Ines, kao ni njenom ocu, da ne bi izazvao nepotrebno uznemirenje; ali našao se u neprilici kako to da utvrdi, i kako da spreči bilo kakve spletke koje bi oni mogli smišljati protiv bespomoćnih stanara kule.

Te večeri se kasno oprostio od njih, ispunjen tom nedoumicom. Dok je odlazio iz sumorne stare zgradurine, video je kako neko vreba iz senke kraj zida, kako je izgledalo, motreći na njegovo kretanje. Potrčao je za tom prilikom, ali je ona neprimetno nestala među ruševinama. Ubrzo potom čuo je tih zvižduk, na koji je sa male udaljenosti došao odgovor. Nije više sumnjao u to da se sprema nekakvo nevaljalstvo, i brzo pošao nazad u kulu kako bi upozorio njene stanare. Tek što se okrenuo, međutim, odjednom ga je s leđa neko zgrabio herkulovskom snagom. Uzalud se opirao; bio je opkoljen naoružanim ljudima. Jedan je preko njega prebacio ogrtač koji je prigušio njegovu viku, i uvezao ga njegovim peševima; zatim su ga nekuda poveli nesavladivom brzinom.

Sledeći dan je prošao, a Antonio se nije pojavio kod alhemičara. Usledio je još jedan dan, i još jedan, ali on nije dolazio; u stanu nisu imali nikakvog glasa od njega. Njegovo odsustvo je isprva izazvalo iznenađenje i svakojaka nagađanja, a potom uznemirenost. Ines se setila neobičnih reči pevačice balada na planini, koja ju je izgleda upozoravala da joj preti opasnost, i glava joj je bila puna neodređenih slutnji. Osluškivala je svaki šum na kapiji, svaki korak na stepeništu. Uzela bi gitaru i odsvirala nekoliko nota, ali joj to ne bi pomoglo; srce joj se steglo od neizvesnosti i teskobe. Nikada ranije nije osetila šta znači biti zaista usamljen. Sada je bila svesna snage one privrženosti koja joj je obuzela grudi; uopšte ne znamo koliko volimo, uopšte ne znamo koliko nam je za sreću potreban predmet naše ljubavi dok ne osetimo mučnu prazninu zbog razdvajanja.

I filosof je žalio zbog odsustva svog učenika sa gotovo isto onoliko osećanja kao i njegova ćerka. Mladićeva podsticajna živahnost ulila mu je novi žar i njegovom poslu pružala čari prisnog drugarstva. Međutim, on je mogao da se uteši na načine kojih je njegova ćerka bila lišena. Njegovi poslovi bili su takve prirode da su mogli obuzeti svaku njegovu misao i održati mu duh u stanju neprestanog uzbuđenja. Osim toga, u poslednje vreme bilo je i izvesnih naznaka izvanredno povoljne prirode. Četrdeset dana i četrdeset noći proces se uspešno odvijao; starčeve nade su stalno rasle, i sada je smatrao da mu je još jednom na dohvat ruke slavni trenutak kada će mu biti dostupni ne samo *major lunaria*, nego i *tinctura solaris*, sredstva kojima se umnožava zlato i produžava život. Zato je stalno ostajao zatvoren u laboratoriji, nadgledajući peć, jer bi makar i trenutak nepažnje mogao još jednom da uništi sva njegova očekivanja.

Sedeo je tako neke večeri tokom jednog od svojih usamljeničkih bdenja, udubljen u meditaciju; čas je bio pozan, a njegov sused, sova, hučao je sa grudobrana na kuli, kada je čuo kako se iza njegovih leđa otvaraju vrata. Pretpostavivši da to njegova ćerka dolazi da mu poželi laku noć, kako je često imala običaj, pozvao ju je po imenu, ali je njegovo uho kao odgovor začulo grub glas. Neke ruke su ga ščepale i kada je pogledao naviše ugledao je tri nepoznata čoveka u sobi. Pokušao je da im se otrgne, ali uzalud. Pozvao je upomoć, ali su oni ugušili njegove povike. „Mir, starkeljo!" povikao je jedan: „misliš li ti da će sluge presvete Inkvizicije da se uplaše dreke? Drugovi, vodite ga!"

Ne obazirući se na njegovo protivljenje i molbe, pokupili su knjige i hartije, pogledali unaokolo po odaji, pregledali oruđa, a zatim ga odveli kao zatvorenika.

Ines, prepuštena sama sebi, provela je tužno i usamljeno veče; sedela je kraj prozorskog okna koje je gledao na vrt i zamišljeno posmatrala kako zvezda za zvezdom trne u plavim dubinama neba, i prepustila se gomili crnih misli o svom voljenom, sve dok joj nisu grunule suze. Odjednom ju je trgao zvuk glasova koji kao da su dopirali iz udaljenog dela kuće. Ubrzo potom začula se buka nekoliko osoba koje su silazile niz stepenice. Iznenađena neobičnim zvucima u njihovom samotnom domu, nekoliko trenutaka je ostala drhteći u nekoj nejasnoj strepnji, kada je služavka uletela u sobu sa užasom na licu i kazala da su joj oca odveli naoružani ljudi.

Ines nije sačekala da išta više čuje, nego je sletela niz stepenice da ih sustigne. Tek što je prekoračila preko praga, našla se u šakama neznanaca. – „Sklonite se! Sklonite se!" povikala je divlje, „nemojte me zaustavljati, pustite me da pođem za svojim ocem."

„Došli smo njemu da vas vodimo, senjora", rekao je jedan od ljudi, pun poštovanja.

„Pa gde je, onda?"

„Otišao je u Granadu", odgovorio je čovek: „izvesne neočekivane okolnosti neodložno zahtevaju da on bude tamo; ali nalazi se među prijateljima."

„Mi nemamo prijatelja u Granadi", kazala je Ines, ustuknuvši; ali joj je tada kroz glavu sevnula pomisao na Antonija; nešto u vezi sa njim moglo je pozvati njenog oca tamo. „Da li je senjor Antonio de Kastros sa njim?" upitala je ona uznemireno.

„Ne znam, senjora", odgovorio je čovek. „Vrlo je moguće. Samo znam da je vaš otac među prijateljima i da nestrpljivo očekuje da pođete za njim."

„Hajdemo, onda", povikala je ona odlučno. Ljudi su je poveli do obližnjeg mesta na kojem ih je čekala mazga, i pošto su joj pomogli da uzjaše, polako su je poveli ka gradu.

Granada je te večeri bila pozornica raskošnih uživanja. Bila je to jedna od svečanosti Maestranse, plemićkog udruženja za očuvanje nekih od junačkih običaja drevnog viteštva. Na jednom od trgova održavala se predstava koja je prikazivala turnir; ulicama bi s vremena na vreme odjeknuo zvuk usamljenog doboša, ili jeka trube iz neke raštrkane grupe sladostrasnika. Ponekad bi sreli nekog viteza, bogato odevenog u drevnu odeću, u pratnji štitonoše; a jednom su prošli pored neke blistavo osvetljene palate iz koje su dopirali pomešani zvuci muzike i igre. Ubrzo potom, stigli su na trg gde se održavala predstava turnira. Trg beše pritisla svetina, zabavljajući se među tezgama i dućanima gde se prodavalo piće, i pod svetlošću buktinja ukazalo se privremeno izgrađeno gledalište, i veselo obojeni šatorski krovovi, i trofejno oružje, i drugi ukrasi pripremljeni za predstavu. Oni koji su vodili Ines trudili su se da prođu neprimećeno i da se provuku duž mračnog dela trga; ali na jednom mestu ih je zadržao pritisak gomile koja je okružila grupu svirača skitnica što su pevali neku od onih balada koje španska svetina onako strasno voli. Buktinje koje su držali neki u gomili bacile su snažnu svetlost na Ines, i prizor onako lepog bića, bez mantilje ili vela, koje je izgledalo onako zbunjeno, i koje su vodili ljudi što kao da uopšte nisu uživali u veselju oko sebe, izazvali su izraze radoznalosti. Jedna od pevačica balada je prišla i naročito revnosno udarajući u gitaru počela da peva bolnu melodiju punu zlokobnih slutnji. Ines je poskočila od iznenađenja. Bila je to ona ista pevačica koja joj se obratila u vrtu na Heneralifu.

Bila je to i ona ista pesma koju je tada pevala. Govorila je o opasnostima koje prete; one, odista, kao da su se sve gušće gomilale oko nje. Silno je želela da porazgovara s tom devojkom i da proveri da li ona zaista pouzdano zna da joj preti nekakvo zlo; ali kada je pokušala da joj se obrati, jedan od onih što su je vodili iznenada je dohvatio i na silu poveo mazgu na kojoj je jahala kroz gužvu, dok je drugoga videla kako upućuje pretnje pevačici balada. Ona je podigla ruku u znak upozorenja, i tada ju je Ines izgubila iz vida.

Još je bila izgubljena i zbunjena zbog neobičnog događaja, kada su stali pred kapijom neke velike kuće. Jedan od njenih pratilaca je pokucao, vrata su se otvorila, i ušli su u popločano dvorište. „Gde se nalazimo?" pitala je Ines uznemireno. „U kući jednog prijatelja, senjora", odgovorio je čovek. „Popnite se ovim stepeništem sa mnom, i ubrzo ćete videti oca."

Popeli su se uz stepenište koje je vodilo do niza izvanrednih odaja. Prošli su kroz nekoliko njih pre nego što su stigli u neku prostoriju u unutrašnjosti kuće. Vrata su se otvorila – neko im je prišao; ali kakav ju je samo užas obuzeo kada je videla, ne svoga oca, nego don Ambrosija!

Ljudi koji su odveli alhemičara bili su barem pošteniji u svom poslu. Oni su zaista bili službenici Inkvizicije. On je u tišini odveden u sumorni zatvor tog jezivog suda. Bila je to zgrada od čijeg samog izgleda je sahnula radost i bezmalo kopnila nada. Bilo je to jedno od onih groznih staništa gde se prizivaju zle strasti ljudi na ovom lepom svetu, ravna strašnim jazbinama demona i prokletnika.

Mučno je proticao dan za danom, bez ičega drugog što bi obeležavalo protok vremena osim zalaska i izlaska svetlosti koja bi slabo dopirala kroz uske prozore na tamnici u kojoj je nesrećni alhemičar bio pre sahranjen nego zatočen. Misli su mu mučile neizvesnost i strepnja zbog ćerke, onako bespomoćne i neiskusne. Trudio se da dobije vesti o njoj od čoveka koji mu je svakodnevno donosio obroke hrane. Momak je samo zinuo, kao da je zapanjen što ga uopšte nešto pitaju u toj kući tišine i tajne, i otišao ne rekavši ni reč. Svaki sledeći pokušaj bio je isto tako jalov.

Dobrog alhemičara pritiskale su mnoge muke; najmanja među njima nikako nije bila to što su ga na samoj ivici uspeha ponovo prekinuli u poslu. Alhemičar nikada nije bio tako blizu otkrića zlatne tajne – još samo malo, i njegove nade bi se ostvarile. Pomisao na ta razočaranja mučila ga je čak i više nego strah od svega što bi mogao pretrpeti od nemilosrdne Inkvizicije. Misli koje je imao na javi pratile su ga i u snovima. U mašti bi se vratio u svoju laboratoriju, ponovo bi vredno radio među retortama i pretakačama, a oko njega bi bili Lili, Petar od Abana, Olibije i drugi učitelji vrhovne veštine. Došao bi trenutak projekcije; serafimsko obličje izdiglo bi se iz peći noseći pred sobom posudu koja sadrži dragoceni eliksir; ali pre nego što bi uspeo da uzme nagradu u ruke, probudio bi se i video da je u tamnici.

Sva sredstva inkvizitorske domišljatosti bila su upotrebljena da starca uhvate u zamku i da iz njega izvuku dokaze koji bi se mogli izneti protiv njega i potvrditi izvesna tajna obaveštenja koja su protiv njega dobijena. Bio je optužen da se bavi nigromantijom i kažnjivom astrologijom, i tajno je izneseno more dokaza koji je trebalo da potkrepe optužbu. Bilo bi dosadno nabrajati sve okolnosti koje su naizgled sve ovo potvrđivale i koje je tajni optužitelj marljivo pobrojao. Tišina što je zavladala u kuli, njena čamotinja, i sama ćutljivost njenih stanara bili su navedeni kao dokazi da se unutra spremalo nešto zlokobno. Alhemičarovi razgovori i solilokviji u vrtu prisluškivani su i lažno predstavljeni. Neobična svetlost i pojave u kuli tokom noći prikazani su sa ogromnim preterivanjem. Rečeno je da su se otuda čuli vika i krici u ponoć, kada je, potajno je utvrđeno, starac prizivao sebi bliske duhove svojim inkantacijama, pa je čak i mrtve dizao iz groba da odgovaraju na njegova pitanja.

Alhemičaru, prema običaju Inkvizicije, nisu dozvolili da sazna ko je taj ko ga optužuje; ko su svedoci protiv njega; pa čak ni za koje je zločine optužen. Ispitivali su ga uopšteno, da li zna zašto je uhapšen, i da li je svestan bilo kakve krivice koja bi mogla zasluživati da Sveta služba na nju obrati pažnju? Ispitivali su ga o njegovom kraju, životu, navikama, poslovima, delima i mišljenjima. Starčevi odgovori bili su iskreni i jednostavni; nije bio svestan nikakve krivice, nije bio kadar ni za kakva lukavstva, nije radio ništa iz potaje. Pošto su ga uopšteno upozorili da dobro razmisli da nije možda počinio nešto što bi zasluživalo kaznu i da se kroz ispovest pripremi da sebi pribavi dobro znanu milost suda, ostavili su ga u ćeliji.

Sada su ga u tamnici posećivali vešti žbiri Inkvizicije koji su, pretvarajući se da su blagonakloni i ljubazni, dolazili da mu prijateljskim razgovorom prekrate vreme u dosadi zatočeništva. Onako uzgred bi pomenuli pitanje alhemije, koje su dodirivali veoma oprezno i prividno ravnodušno. Nije bilo potrebe za tim lukavstvima. Čestiti entuzijasta nije po prirodi bio sumnjičav: čim bi se dotakli njegove omiljene teme, on bi zaboravio na svoje nedaće i zatočeništvo i raspričao se o božanskoj nauci.

Vešto su skrenuli razgovor na raspravu o elementarnim bićima. Alhemičar je spremno priznao da veruje u njih; i da ima stvari u kojima oni filosofima pomažu, i izvršavaju njihove želje. Ispričao je mnoga čuda za koja se pričalo da ih je učinio Apolonije iz Tijane, uz pomoć duhova ili demona; tako da su ga neznabošci suprotstavljali Mesiji; i da na njega čak i mnogi hrišćani gledaju s poštovanjem. Žbiri su ga nestrpljivo upitali da li veruje da je Apolonije istinski i vredan filosof. Alhemičarova iskrena pobožnost zaštitila ga je čak i u njegovoj naivnosti; on je osudio Apolonija kao vešca i varalicu. Nikakvim lukavstvima se iz njega nije moglo izvući priznanje da je ikada upotrebljavao ili prizivao spiritualne sile da bi postigao svoje ciljeve, nego je verovao da je naprotiv on taj koga često ometa njihovo nevidljivo mešanje.

Inkvizitori su bili bolno ožalošćeni što ga nisu mogli navesti da prizna neki zločin; svoj neuspeh pripisivali su prepredenosti, tvrdoglavosti, svakom drugom uzroku osim onog pravog, naime, da bezopasni zanesenjak nije imao nikakvu krivicu koju bi priznao. Imali su obilje dokaza tajne prirode protiv njega; ali Inkvizicija je imala običaj da se potrudi da izvuče priznanje iz zatvorenika. Auto da fe se bližio; časni oci žudeli su za osudom, pošto uvek čeznu da imaju dovoljan broj osuđenih krivaca na lomači kako bi njima ukrasili svoje pobedničke svečanosti. Na kraju je izveden na završno ispitivanje.

Sudnica je bila prostrana i sumorna. Na jednom kraju nalazilo se ogromno raspeće, barjak Inkvizicije. Dugačak sto pružao se po sredini sobe, i za njim su sedeli inkvizitori i njihov sekretar; na drugom kraju bila je postavljena stolica za zatvorenika.

On je uveden, prema običajima, gologlav i bosonog. Bio je oslabio od zatočeništva i mučenja; od stalne zabrinutosti zbog neznane sudbine svoga deteta i kobnog prekida ogleda. Seo je poguren i ravnodušan; glava mu je pala na grudi; cela njegova pojava pokazivala je da „niti nade više ima, niti on za nadu mari."

Optužbe iznete protiv njega sada su dobile izričiti oblik; prozvali su ga po imenu, kao Feliksa de Vaskesa, rodom iz Kastilje, da odgovori na optužbe za nigromantiju i demonologiju. Rečeno mu je da su optužbe čvrsto potkrepljene; pitali su ga da li je spreman da se kroz punu ispovest preda dobro znanoj milosti Svete Inkvizicije.

Filosof je izrazio blago iznenađenje zbog prirode optužbe, ali je odgovorio naprosto: „Nevin sam."

„Kakav dokaz svoje nevinosti imate da iznesete?"

„Pre će biti da bi vi trebalo da dokažete svoje optužbe", rekao je starac. „Ja sam stranac i gost u ovom kraju, i ne poznajem nikoga dalje od vrata svoje kuće. U svoju odbranu nemam da pružim ništa osim reči plemića i Kastiljanca."

Inkvizitor je odmahnuo glavom i nastavio, iznova mu postavljajući razna pitanja koja su mu i ranije postavljana u vezi sa načinom života i poslovima kojima se bavi. Siroti alhemičar bio je previše slab i previše izmučen da bi odgovarao bilo kako drugačije osim sasvim kratko. Tražio je da neki čovek od nauke ispita njegovu laboratoriju i sve njegove knjige i hartije, čime bi postalo više nego očigledno da se on bavi samo alhemičarskim proučavanjima.

Na to je inkvizitor primetio da je alhemija postala obično pokriće za prikrivene smrtne grehe. Da su oni koji se njome bave kadri da ne prezaju ni pred kakvim sredstvima kako bi zadovoljili svoju neobuzdanu pohlepu za zlatom. Za neke od njih znalo se da koriste vradžbine i bezbožne obrede kako bi prizvali u pomoć zle duhove; štaviše, da prodaju duše neprijatelju ljudskog roda kako bi mogli da se do mile volje za života naslađuju u beskrajnom bogatstvu.

Siroti alhemičar sve je strpljivo, ili barem trpeljivo saslušao. Odbio je da spere ljagu sa svoga imena na bilo koji drugi način osim svojom rečju; osmehnuo se na optužbe za vradžbine kada su se one odnosile samo na njega lično; ali kada je napadnuta vrhunska veština, koja je bila težnja i strast njegovog života, nije mogao i dalje ćutke da sluša. Glava mu se polako pridigla sa grudi; grozničava boja nadolazila mu je u bledim mlazevima u obraze; poigravala bi na njima, nestajala, vraćala se, i na kraju se raspalila u blistavi sjaj. Hladan i lepljiv znoj sušio mu se na čelu; njegove oči, već gotovo ugasle, ponovo su blesnule i buknule uobičajenom zanesenjačkom vatrom. Krenuo je u odbranu svoje omiljene veštine. Glas mu je najpre bio slab i slomljen, ali kako je nastavljao, postajao je sve jači, sve dok nije zatutnjao dubokim i zvučnim tonom. Polako je ustajao sa stolice kako je u njemu raslo uzbuđenje zbog onoga o čemu je govorio; zbacio je tesan crni ogrtač u koji su mu do tada bili umotani udovi; sama nezgrapnost njegovog obličja i izgleda dala je upečatljivost onome što je rekao; kao da je neki leš iznenada oživeo.

Sa podsmehom je odgovorio na klevete koje na alhemiju bacaju neznalice i prostaci. Tvrdio je da je ona majka svih veština i nauka, navodio mišljenja Paracelzusa, Sandivogija, Ramona Lula, i drugih, da potkrepi svoje tvrdnje. Smatrao je da je ona čista i nevina i časna i po ciljevima i po sredstvima. Šta su njeni ciljevi? Ovekovečenje života i mladosti, i proizvodnja zlata. „Eliksir života", rekao je, „nije nikakav čarobni napitak, nego samo koncentrat onih elemenata vitalnosti koje je priroda rasula u svojim delima. Kamen mudrosti, ili eliksir života, ili prašak, kako ga na različite načine nazivaju, nije nigromantski talisman, nego je sastavljen samo od onih čestica koje zlato sadrži u sebi da bi se reprodukovalo; jer zlato, kao i druge stvari, sadrži svoje seme u samom sebi, mada je ono nezamislivo snažno proklijalo iz snage urođenih soli i sumpora otpornih na vatru. Kada tragamo za otkrićem eliksira života, dakle", nastavio je, „tragamo samo za primenom nekih od prirodnih lekova protiv bolesti i propadanja kojima su podložna naša tela; a šta drugo radi lekar kada se bavi svojom veštinom i upotrebljava tanane sastojke i uz pomoć znanja stvorene esencije, kako bi oživeo naše malaksale snage i odložio udarac smrti na neko vreme?

„Pokušavajući da umnožimo plemenite metale, takođe samo pokušavamo da prirodnim sredstvima navedemo određene vrste proizvoda prirode da proklijaju i da se množe; i šta drugo radi ratar, koji se oslanja na vreme i na godišnja doba i pomoću onoga što bi se moglo smatrati za prirodnu magiju, naprosto sejući svojom rukom, pokriva celu njivu zlatnim rastinjem? Tajne naše veštine, istina, skrivene su duboko u tami; ali je utoliko potrebno mnogo više nevinosti i čistote misli da bi se u njih prodrlo. Ne, oče! Istinski alhemičar mora biti čist duhom i telom; mora biti umeren, strpljiv, čedan, obazriv, krotak, smeran, pobožan. 'Sine moj', kaže Hermes Trismegist, veliki učitelj naše veštine, 'sine moj, iznad svega ti preporučujem da se bojiš Boga.' I zaista, alhemičar je samo uz pomoć pobožnog kažnjavanja čula i pročišćavanje duše kadar da zakorači u tajne odaje istine. 'Radi, moli se i čitaj', to je krilatica naše nauke. Kao što De Nejsment dobro primećuje, 'ove velike i izvanredne milosti nisu date nikome osim sinovima Božijim (a to znači, vrlima i pobožnima) koji su uz njegov očinski blagoslov doživeli da se ona pred njima otvori pod zaštitničkom rukom kraljice svih veština, božanske Filosofije.' Odista, priroda njegovog znanja smatrana je tako svetom da nam je rečeno da ju je Bog četiri puta izričito saopštio čoveku, i da je ono tako postalo deo kabalističke mudrosti koja je bila otkrivena Adamu da bi se utešio zbog gubitka Raja; kao i Mojsiju u grmu, i Solomonu u snu, i Jezdri preko anđela.

„I zato, daleko od toga da su đavoli i zli dusi alhemičarovi prijatelji i pomagači: oni su neprijatelji sa kojima mora neprestano da se bori. Oni se danonoćno trude da zatvore puteve ka onim istinama koje bi mu omogućile da se uzdigne iznad bednog stanja u koje je pao i vrati se onom savršenstvu na koje je prvobitno imao pravo po rođenju. Do čega bi inače doveli svi oni dugi dani i ono bogatstvo i izobilje, ako ne do toga da njihovom vlasniku omoguće da ide od veštine do veštine, od nauke do nauke, sa snagom koju neće narušiti bolesti, niti je prekinuti smrt? Radi toga su se filosofi i mudraci zatvarali u ćelije i u samoću; sami sebe sahranjivali po špiljama i jazbinama u zemlji; odricali se radosti života i zadovoljstava sveta; trpeli omalovažavanje, siromaštvo, proganjanje. Radi toga su Ramona Lula do smrti kamenovali u Mauritaniji. Radi toga je besmrtni Petar od Abana trpeo proganjanja u Padovi, i kada je svojim progoniteljima umakao u smrt, radi toga je njegov lik bio pakosno spaljen. Radi toga su učeni ljudi iz svih naroda neustrašivo podnosili mučeništvo. Radi toga su, ako ih niko u tome ne bi omeo, istrajno koristili i poslednje časove života, poslednje otkucaje srca, nadajući se do kraja da bi još mogli da se domognu nagrade za koju su se borili i da se izvuku čak i iz samih čeljusti groba!

Jer, kada alhemičar bude dosegao ono zbog čega je naporno radio; kada vrhunska tajna bude otkrivena njegovom pogledu, kako će se slavno promeniti njegov položaj! Kako će samo izroniti iz svog usamljeništva i povučenosti, poput sunca koje se probija iz mračnih odaja noći i baca svoje zrake po celoj zemlji! Obdaren večnom mladošću i beskrajnim bogatstvom, kakve li će sve visine mudrosti dosegnuti! Kako će samo trajno povezati niti mudrosti koje su do tada prekidane smrću svakog od filosofa! A pošto sve veća mudrost znači i sve veću vrlinu, kako će samo veliki dobrotvor postati svojim bližnjima; kako će moći da troši, darežljivom ali opreznom i odmerenom rukom, ono neiscrpno bogatstvo koje mu stoji na raspolaganju; iskoreniće siromaštvo, koje je uzrok tolikih jada i zala; pomagaće veštine, podsticaće otkrića i uvećavaće mogućnosti za vrla uživanja! Njegov će život biti spona između pokolenja. Istorija će živeti u njegovom pamćenju; daleka vremena govoriće iz njegovih usta. Svi narodi na zemlji gledaće na njega kao na svog učitelja i kraljevi će sedeti kraj njegovih nogu i učiti se mudrosti. O slavna, o nebeska alhemijo!"

Ovde ga je prekinuo inkvizitor, koji ga je do tada trpeo nadajući se da će nešto saznati iz njegovog neopreznog oduševljenja. „Senjor", rekao je, „sve su to sanjarije i priče zanesenjaka. Vi ste optuženi za vračanje, a odbrana koju dajete je rapsodija o alhemiji. Zar nemate ništa bolje od toga da ponudite u svoju odbranu?"

Starac se polako vratio u svoju stolicu, ali se nije udostojio da odgovori. Vatra koja je blistala u njegovom oku polako se ugasila. U obraze mu se vratilo uobičajeno bledilo, ali nije ponovo utonuo u tupost. Sedeo je sa čvrstim, spokojnim, strpljivim izrazom na licu, poput čoveka spremnog ne da se bori, nego da trpi.

Suđenje se dugo nastavljalo, uz surovo izvrgavanje pravde ruglu, pošto na tom sudu nijedan svedok uopšte nije suočen sa optuženim, i optuženi je stalno morao da se brani u mraku. Neki neznan i moćan neprijatelj izneo je optužbe protiv nesrećnog alhemičara, ali ko, nije mogao ni da zamisli. Pošto je bio stranac i gost u tom kraju, usamljenik i bezopasan u svojim poslovima, kako je mogao izazvati takvo neprijateljstvo? Plima tajnih svedočenja protiv njega, međutim, bila je previše silna; bio je proglašen krivim za zločin bavljenja magijom i osuđen da ispašta svoje grehe na lomači, na sledećem auto da feu.

Dok je nesrećnom alhemičaru sudila Inkvizicija, i njegova ćerka je bila izložena ništa manje teškim iskušenjima. Don Ambrosio, u čije je ruke pala, bio je, kao što je ranije rečeno, jedan od najdrskijih i najrazuzdanijih nevaljalaca u celoj Granadi. Bio je to čovek vrele krvi i divljih strasti koga ništa nije moglo zaustaviti da ne udovolji svojim željama; ipak, i pored svega on je imao otmene manire, umešnost i uglađenost, zbog čega je bio izvanredno uspešan kod slabijeg pola. Svoje ljubavne podvige raširio je od palate do kolibe; njegove serenade remetile su san polovini muževa u Granadi; nijedan balkon nije bio previše visok za njegove pustolovne nasrtaje, nijedna koliba previše niska za njegova podmukla zavođenja. Ipak, bio je isto onoliko nestalan koliko i vatren; uspeh ga je učinio taštim i hirovitim; nije imao osećanja koja bi ga vezivala za žrtvu njegovih veština; i mnogi bledi

obrazi i utrnule oči, kopneći među blistavim dragu-
ljima, mnoga slomljena srca koja su kucala pod se-
ljačkim jelecima, svedočili su o njegovim pobeda-
ma i njegovom neverstvu.

Zasitio se, međutim, lakih osvajanja, i umorio
od života koji mu je stalno donosio brzo zadovolje-
nje. Kako bi osvojio Ines bili su mu potrebni izve-
stan trud i preduzimljivost kakve nikada ranije nije
ispoljio. Oni su ga probudili iz jednoličnosti pukog
čulnog života i podsticali ga svojim pustolovnim
čarima. U zadovoljstvu je postao epikurejac; i sa-
da, kada je imao tu stidljivu lepoticu u svojoj vla-
sti, bio je rešen da postepenim savlađivanjem nje-
nih zazora i rušenjem njene vrline produži svoje
uživanje. Bio je gord na svoju ličnost i svoju ugla-
đenost, za koje je verovao da im nijedna žena ne
može dugo odolevati; i pokušaji da veštinom i
opčinjavanjem osvoji ono čega se, bio je ubeđen, u
svakom trenutku mogao domoći nasiljem, bilo je
neka vrsta iskušavanja njegove veštine.

Kada su mu, dakle, njegovi izaslanici doveli
Ines, pravio se da ne primećuje njen strah i iznena-
đenost, i dočekao ju je sa krutom i dostojanstve-
nom ljubaznošću. Bio je previše oprezan lovac da
bi uplašio ptičicu čim se ova uplela u mrežu. Na
njeno nestrpljivo i besomučno raspitivanje o ocu,
on joj je rekao neka se ništa ne brine; otac joj je
bezbedan, bio je tu, ali je na trenutak morao otići
nekuda poslom, i otuda će se brzo vratiti; u među-
vremenu, poručio joj je da strpljivo sačeka njegov
povratak. Uz još nekoliko dostojanstvenih izraza
uobičajene ljubaznosti, don Ambrosio se svečano
naklonio i otišao.

U Inesinim mislima zavladala je uznemirenost i zbunjenost. Don Ambrosijeva dostojanstvena uzdržanost bila je tako neočekivana da je zaustavila optužbe i prekore koji su joj navirali na usta. Da je imao zle namere, da li bi prema njoj postupao sa onako hladnom otmenošću kada ju je već imao u svojoj vlasti? Ali zašto ju je onda doveo u svoju kuću? Da nije i Antonijev tajanstveni nestanak u vezi sa tim? Jedna misao iznenada joj je sevnula kroz glavu. Antonio se ponovo sreo sa don Ambrosijem – potukli su se – Antonio je bio ranjen – možda i na samrti! Njen otac pošao je kod njega – na njegov zahtev je don Ambrosio poslao po njih, da mu ublaže poslednje trenutke! Ove, i još hiljadu jednako užasnih slutnji mučile su njene misli, ali se uzalud trudila da nešto sazna od posluge; oni su znali samo da je njen otac bio tu, da je otišao, i da će se brzo vratiti.

Tako je prošla noć puna uzburkanih misli i neodređenih ali zlokobnih strepnji. Nije znala šta da radi niti u šta da veruje – treba li da pobegne, ili da ostane; a ako treba da pobegne, kako da se izvuče? I gde da traži oca? Dok je dan svitao bez ikakvih vesti o njemu, njena uznemirenost je rasla; na kraju su joj doneli poruku od njega, u poruci je stajalo da mu okolnosti ne dozvoljavaju da joj se vrati, nego je moli da mu se brzo pridruži.

Nestrpljivog i uzdrhtalog srca krenula je sa ljudima koji je trebalo da je povedu. Nije joj bilo ni na kraj pameti, međutim, da samo prelazi iz zatvora u zatvor. Don Ambrosio je strahovao da bi joj mogli ući u trag i zateći je u njegovoj kući u Granadi; ili da bi ga mogli prekinuti pre nego što ostvari nameru da je zavede. Zato ju je sada odveo u kuću koju je imao u samoći planine u okolini Granade; na samotno, ali prelepo mesto. Uzalud je po dolasku tražila oca ili Antonija; njen pogled susretao je samo nepoznata lica: sluge, puni dubokog poštovanja, nisu, međutim, ni znali ni videli ništa osim onoga što je želeo njihov gospodar.

Tek što je stigla, pojavio se don Ambrosio, manje uzdržan u manirima, ali se i dalje ophodeći prema njoj s najvećom ljubaznošću i poštovanjem. Ines je bila previše uzbuđena i uplašena da bi je njegova ljubaznost zbunila; počela je odlučno da zahteva da je odvedu ocu.

Don Ambrosio je tada navukao izraz ogromne neprijatnosti i uzbuđenja. Pošto je malo odugovlačio, pa se mnogo pretvarao da je zbunjen, na kraju joj je priznao da je hapšenje njenog oca bilo samo varka, obična lažna uzbuna koja je trebalo da mu pruži ovu sadašnju priliku da dođe do nje, i da ublaži njenu bezdušnost i savlada odbojnost za koju je rekao da ga je bezmalo dovela do ludila.

Uveravao ju je da joj je otac ponovo kod kuće i da je bezbedan, zaokupljen svojim uobičajenim poslovima, pošto je bio potpuno zadovoljan time što se njegova ćerka nalazi u časnim rukama, i što će mu uskoro biti vraćena. Ona mu se uzalud bacala pred noge i preklinjala ga da je pusti na slobodu; on joj je odgovarao samo nežnim molbama; da treba da mu oprosti zbog prividnog nasilja koje je bio prinuđen da upotrebi; i da bi trebalo da malo veruje u njegovo poštenje. „Ovde", rekao je, „potpuno gospodarite svime: neće biti rečeno niti učinjeno ništa što vas vređa; neću čak ni da mučim vaše uši nesrećnom strašću od koje mi izgara srce. Ako budete tako želeli, čak neću ni izlaziti pred vas; ali da se u ovom trenutku potpuno oprostim od vas, dok su vam misli pune sumnji i ozlojeđenosti, za mene bi bilo gore od smrti. Ne, prelepa Ines, najpre morate malo bolje da me upoznate, i da iz mog ponašanja shvatite da je moja strast prema vama isto onoliko istančana i puna poštovanja koliko je i žestoka."

Uverenje da joj je otac bezbedan oslobodilo je Ines jednog uzroka mučne teskobe, ali je pojačalo njena strahovanja za samu sebe. Don Ambrosio je, međutim, nastavio da se prema njoj ophodi sa pritvornim poštovanjem, što je neosetno umirilo njena strahovanja. Istina, bila je zatočenica, ali njena bespomoćnost naizgled nije zloupotrebljena. Tešila se pomišlju da će biti dovoljno još malo vremena da ubedi don Ambrosija da su njegove nade uzaludne, i da će ga to naterati da je vrati kući. Zato su njeni nastupi straha i žalosti nekoliko dana kasnije splasnuli u pasivnu, ali ipak teskobnu melanholiju s kojom je iščekivala trenutak kojem se nadala.

U međuvremenu, upotrebljavane su sve one veštine sračunate na to da očaraju čula, da je uhvate u zamku osećanja i rastope joj srce nežnošću. Don Ambrosio je bio majstor istančane umetnosti zavođenja. Sama njegova kuća odisala je iznurujućom atmosferom malaksalosti i uživanja. Baš tu, u sumračnim salonima i sanjivim sobama skrivenim iza drveća narandže i mirte, ostajao je ponekad zatovren daleko od očiju radoznalog sveta i do mile volje udovoljavao sebi svakojakim uživanjima.

Sobe su bile nameštene na najraskošniji i najsla-dostrasniji način; svileni kauči nabirali su se na do-dir i paperjasta mekota se ulegala pod najmanjim pritiskom. Svaka slika i svaki kip pričao je neku klasičnu ljubavnu priču, vođenu, ipak, sa podmu-klom prefinjenošću koja je, odbacujući grubost ko-ja bi mogla izazvati gađenje, utoliko više bila srača-nata na to da podstakne maštu. Tu se video snažni Adonis, ne kako trči u plahom lovu, nego ovenčan cvećem, posustao u zagrljaju nebeske lepote. Tu je Akid prosio svoju Galateju u senci, sa sicilijanskim morem koje pred njima puca u tihoj vedrini. Tu su bile predstavljene grupe fauna i drijada kako zaljub-ljeno leže po šumarcima usred leta i slušaju blagu svirku frule; ili neobuzdani satiri kako zatiču šum-sku nimfu u podnevnom dremežu. Tu se, na tapise-riji sa prizorima iz legendi, mogla videti i čedna Di-jana kako u tajnovitosti mesečevog sjaja krade poljubac od usnulog Endimiona, dok Kupidon i Psi-ha, isprepletani u besmrtnom mramoru, jedan dru-gome dišu, usta na usta, prvi ljubavni poljubac.

Žarki zraci sunca bili su isključeni iz ovih miri-snih dvorana; prigušena, nežna muzika koju su svi-rali nevidljivi svirači lebdela je unaokolo kao da se meša sa mirisima kojima su odisale hiljade cveto-va. Noću, kada bi mesec bacio vilinsko svetlo na taj prizor, nežna serenada bi se digla iz senika u vr-tu i u njoj bi se često mogao razaznati don Ambro-sijev tanani glas; ali bi se iz planine začula zaljub-ljena svirka flaute kako kroz maštovite kadence izdiše samu dušu melanholije zaljubljenog čoveka.

Bile su smišljene i razne zabave da je razonode u usamljenosti i da svojim čarima odagnaju pomisao na zatočeništvo. Grupe andalužanskih igrača su u veličanstvenim salonima izvodile razne šarolike igre iz svoga kraja; ili prikazivale male ljubavne balete koji su se vrteli oko neke ugodne scene pastoralne koketerije i udvaranja. Ponekad su dolazile i grupe pevača koji su, uz romantičnu gitaru, pevali pesmice pune strasti i nežnosti.

Tako je sve oko nje mamilo na uživanje i sladostrašće; ali Inesino srce se sa gađenjem okretalo od te dokone lakrdije. Suze bi joj navrle na oči kada bi joj se misli okrenule od ovog prizora razuzdanog sjaja ka skromnom ali vrlom domu iz kojeg je bila oteta; ili, ako bi je očaravajuća moć muzike uopšte i uljuljkala u nežne sanjarije, to je bilo zato da bi nežno razmišljala o Antonijevom liku. Ali ako bi don Ambrosio, zavaran tom prolaznom smirenošću, u takvom trenutku pokušao da joj šapuće o svojoj strasti, ona bi se trgla kao iz sna i ustuknula pred njim stresajući se i protiv volje.

Neki dug dan provela bi tužnija nego obično, a uveče bi grupa onih iznajmljenih svirača upotrebila sve svoje moći da je oraspoloži pesmom i igrom. Ali dok je otmeni salon odzvanjao od njihove pesme uz blage zvuke koraka po mermernim pločama koji su pratili njen ritam, sirota Ines bi se, lica zaronjenog u svileni kauč na koji je bila legla, slušajući zvuke veselja osećala samo još jadnije.

Na kraju joj je pažnju privukao glas jedne od pevačica, koji je doneo neka maglovita sećanja. Podigla je glavu i bacila uznemiren pogled na izvođače, koji su se, kao i obično, nalazili na drugom kraju salona.

Jedna od njih iskoračila je malo ispred ostalih. Bila je to žena odevena u šaroliku seljačku odeću, u skladu sa likom koji je glumila; ali njeno lice nije se mogao zameniti sa bilo kojim drugim. Bila je to ona ista pevačica balada sa kojom se Ines srela dva puta i koja joj je dala tajanstvena obaveštenja o nedaćama koja je vrebaju. Kada je ostatak predstave završen, ona je dohvatila daire i podigavši ih visoko, sama zaigrala uz melodiju sopstvenog glasa. Tokom igre, prišla je mestu gde je ležala Ines: sve udarajući u daire, vešto je udesila da baci presavijenu hartijicu na kauč. Ines ju je željno dohvatila i sakrila u nedrima. Pevanje i igranje je završeno; šarolika grupa je otišla, a Ines je, kada je ostala sama, nestrpljivo pohrlila da razmota hartijicu koja joj je onako tajanstveno ostavljena. Bila je ispisana uzbuđenim, bezmalo nečitkim rukopisom: „Pazi se! Okružena si izdajom. Ne veruj don Ambrosijevoj popustljivosti; obeležena si da mu postaneš plen. Upozorava te jadna žrtva njegove podlosti; izložena je prevelikim opasnostima da bi mogla biti jasnija. – Tvoj otac je u tamnicama Inkvizicije!"

Ines se pomutilo u glavi dok je čitala taj strašni svitak. Bila je manje ispunjena strahom zbog opasnosti u kojoj se sama nalazi nego užasom zbog očevog položaja. Istoga časa kada se don Ambrosio pojavio, ona je potrčala i bacila mu se pred noga, preklinjući ga da spasi njenog oca. Don Ambrosio ju je zapanjeno pogledao, ali se odmah ponovo pribrao, trudeći se da je umiri svojim laskanjima i uveravanjima da joj je otac bezbedan. Ona se nikako nije mogla smiriti; strah koji ju je obuzeo bio je preveliki da bi se sa njim moglo šaliti. Kazala mu je da zna da joj je otac zatočenik Inkvizicije, i ponovila mahnitu molbu da ga spase.

Don Ambrosio je na trenutak zbunjeno zastao, ali je bio previše vešt da bi se mogao lako zbuniti. „Da je tvoj otac uhapšen", odgovorio je, „znam odavno. Skrivao sam to od tebe kako bih te poštedeo nepotrebne strepnje. Sada znaš stvarni razlog zbog kojeg sam ograničio tvoju slobodu: tako sam te zaštitio, a ne zarobio. Uloženi su svi mogući napori da se tvom ocu pomogne; ali sa žaljenjem kažem, dokazi o prestupima za koje je optužen bili su previše jaki da bi se mogli osporiti. Ipak", dodao je, „u mojoj je moći da ga spasem; imam uticaja, imam i sredstava; to bi me, istina, moglo uvući u nevolje, možda i baciti u nemilost; ali šta sve ne bih učinio u nadi da ću biti nagrađen tvojom naklonošću? Govori, prelepa Ines", rekao je, dok su mu oči plamtele od iznenadne nestrpljivosti; „na tebi je da kažeš reč koja će zapečatiti sudbinu tvog oca. Jednu ljubaznu reč – samo reci, i bićeš moja, ja ću biti pred tvojim nogama, tvoj otac na slobodi i u izobilju, i bićemo srećni!"

Ines je uzmakla pred njim sa omalovažavanjem i nevericom. „Moj otac", uzviknula je, „previše je nevin i bez krivice da bi bio osuđen za bilo kakav zločin; to je neka niska, surova ujdurma!" Don Ambrosio je ponovio svoje tvrdnje, a zajedno sa njima i svoje nečasne predloge; ali iz nestrpljenja se zaleteo: njegovi niski predlozi probudili su u njoj koliko ljutnju, toliko i nevericu; otišao je od nje, postiđen i zastrašen iznenadnim ponosom i dostojanstvom njenog držanja.

Nesrećnu Ines sada je obuzela razdiruća zebnja. Don Ambrosio je video da mu je maska pala sa lica i da je priroda njegovih spletki bila otkrivena. Otišao je predaleko da bi sada mogao ustuknuti i nastaviti sa pritvornom nežnošću i poštovanjem; u stvari, njena neosetljivost na njegove privlačnosti mučila ga je i raspaljivala, i sada je samo tražio načina da je potčini služeći se njenim strahovima. Svakodnevno joj je govorio o opasnostima koje prete njenom ocu, i o tome da samo on ima moć da ih otkloni. Ines mu i dalje nije verovala. Previše je malo znala o prirodi Inkvizicije da bi shvatila da čak ni nevinost nije uvek zaštićena od njenih surovosti; i sa previše sigurnosti se uzdala u vrlinu svoga oca da bi poverovala da bilo koja optužba protiv njega može da opstane.

Na kraju je don Ambrosio, kako bi zadao delotvoran udarac njenom samopouzdanju, doneo proglas o sledećem auto da feu u kojem su bili pobrojani zatočenici. Ona je bacila pogled na njega i opazila ime svoga oca, osuđenog na lomaču zbog vračanja!

Na trenutak je zastala, prožeta užasom. Don Ambrosio iskoristio je tu kratkotrajnu smirenost. „Razmisli sada, prelepa Ines", rekao je pritvorno nežnim tonom, „njegov život je još u tvojim rukama; jedna tvoja reč, jedna ljubazna reč, i još mogu da ga spasem."

„Čudovište! Nitkove!" povikala je ona dolazeći sebi i uzmičući od njega sa nesavladivim gađenjem: „Ti si uzrok svega ovoga – ti si njegov ubica!" A zatim, kršeći ruke, iz nje su provalili krici besomučne patnje.

Podli Ambrosio video je kako se njena duša muči, i po tome zaključio da će odneti pobedu. Video je da nije raspoložena, onako izbezumljena, da sluša njegove reči; ali se uzdao u to da će užasi koje će zamišljati u samoći slomiti njen duh, i Ines potčiniti njegovoj volji. U tome se, međutim, prevario. Misli nesrećne Ines mučile su mnoge mene; jednom bi ga obgrlila oko kolena, uz dirljiva preklinjanja; drugi put bi se zgrčila od iscrpljenosti i užasa čim bi joj se on primakao; ali bilo kakvo pominjanje njegove strasti samo bi uzburkalo ona ista osećanja gađenja i mrskosti.

Najzad se primakao kobni dan. „Sutra", rekao je don Ambrosio kada se jedne večeri opraštao od nje, „sutra je auto da fe. Sutra ćeš čuti zvuk zvona koje će odzvoniti tvome ocu. Gotovo ćeš moći da vidiš dim koji se diže sa posmrtne lomače. Prepuštam te samoj sebi. Još mogu da ga spasem. Pomisli, hoćeš li bez drhtanja podneti sutrašnje užase! Pomisli hoćeš li izdržati pomisao, kada potom budeš razmišljala o tome, da si ti uzrok njegove smrti, i da si iz puke izopačenosti odbila ponuđenu sreću."

Kakva je to noć bila za Ines! Srce joj je već bilo uznemireno i bezmalo slomljeno neprestanim brigama; snaga joj se beše istrošila i oslabila. Sa svih strana vrebali su je užasi; smrt oca, gubitak časti – kao da nije mogla izbeći nedaće i propast. „Zar mi neće doći olakšanje od ljudi – ni milost od neba?" uzviknula je. „Šta – šta sam to uradila, kada smo ovako nesrećna?"

Kako se bližila zora, groznica u njenom umu narasla je do agonije; hiljade puta pokušavala je da otvori vrata i prozore svoje odaje u očajničkoj nadi da će pobeći. Avaj! I pored sveg sjaja, njen zatvor bio je previše dobro obezbeđen protiv njenih slabih ruku da bi uspela da se oslobodi. Poput sirote ptičice koja udara krilima u zlatni kavez sve dok zadihano ne potone u očajanje, i ona se bacala na zemlju u beznadežnom bolu. Krv joj je ključala u venama, jezik joj se osušio, u slepoočnicama joj je žestoko tuklo, više je dahtala nego što je disala; mozak kao da joj je bio u vatri. „Blagoslovena Bogorodice!" uzviknula je, kršeći ruke i dižući napeto oči, „sažali se na mene i pomozi mi u ovom strašnom času!"

Čim je počelo da sviće, začula je kako se ključ tiho okreće u vratima njene sobe. Strahovala je da da to nije don Ambrosio; i od same pomisli na njega spopala bi je bolna strepnja. Bila je to žena odevena u seljačke haljine, lica pokrivenog mantiljom. Tiho je ušla u sobu, oprezno se osvrnula unaokolo, a onda, otkrivši lice, pokazala dobro znane crte pevačice balada. Ines je iznenađeno, bezmalo radosno uzviknula. Neznanka je ustuknula, stavila prst na usne zapovedivši joj da ćuti, i pozvala je da je sledi. Ona se žurno pokrila velom i poslušala je. Brzim ali bešumnim koracima prošle su kroz neko predsoblje, prešle prostranu dvoranu i nastavile niz hodnik; sve je bilo tiho; cela kuća još je bila utonula u san. Stigle su do vrata, u koja je neznanka stavila ključ. Inesino srce sumnjalo je u nju; znala je samo da joj preti neko novo izdajstvo; spustila je svoju ledenu šaku na ruku neznanke: „Kuda me vodite?" kazala je. „U slobodu", odgovorila je ona druga šapatom.

„Umete li da prođete kroz kuću?"

„Isuviše dobro!“ odgovorila je devojka, setno odmahujući glavom. Bilo je u njenom izrazu nekakve tužne iskrenosti, u koju čovek nije mogao a da ne poveruje. Vrata su vodila na malu terasu na koju je gledalo nekoliko prozora na kući.

„Moramo brzo da prođemo“, rekla je devojka, „inače nas mogu opaziti.“

Klizile su preko terase kao da jedva dodiruju tlo. Stepenište je vodilo u vrt; vratanca u dnu bila su već otključana: žurno i bez daha prošle su jednom od aleja, odakle su još mogle da vide kuću, gde se, međutim, izgleda niko nije micao. Na kraju su stigle do niskih vrata skrivenih u zidu, delimično zaklonjenih drvetom smokve. Bila su zaključana zarđalim katancima koji nikako nisu hteli da popuste pred njihovim nejakim naporima.

„Sveta Bogorodice!“ uzviknula je neznanka, „šta da radimo? Još samo trenutak, i možemo biti otkrivene.“

Dohvatila je kamen koji je ležao u blizini: nekoliko udaraca, i katanac je popustio; vrata su glasno zaškripala dok su ih otvarale, i sledećeg trenutka su se našle na uskom putu.

„Sada“, rekla je neznanka, „u Granadu što je brže moguće! Što joj se više budemo primicale, bezbednije ćemo biti, pošto je put tamo prometniji.“

Pretila im je neposredna opasnost da za njima krene potera i da ih pohvataju, i to je davalo natprirodnu snagu njihovim udovima; pre su letele nego što su trčale. Osvanuo je dan; grimizni mlazevi na ivici horizonta pokazivali su da se bliži izlazak sunca; laki oblaci koji su lebdeli na nebu na zapadnoj strani bili su obojeni zlatno i ljubičasto; ali prostrana ravnica Vega, koja se sada polako otvarala pred njihovim očima, bila je pokrivena mračnom jutarnjom izmaglicom. Do tada su na putu bile srele svega nekoliko raštrkanih seljaka, koji im ne bi mogli pružiti pomoć u slučaju da ih uhvate. Žurno su produžile dalje i našle se na priličnoj udaljenosti kada su Inesine snage, koje je održavala samo groznica uma, počele da posustaju od umora: ona je usporila korak i zateturala se.

„Avaj!" kazala je, „udovi me izdaju! Ne mogu dalje!"

„Izdrži, izdrži", odgovorila joj je drugarica ohrabrujući je; „još malo, i bićemo bezbedne: gledaj! Tamo dole je Granada, evo, ukazuje se u dolini pod nama. Još malo, i izbićemo na glavni drum, a tamo ćemo naći mnogo prolaznika da nas zaštite."

Ines se, ohrabrena, još jednom napregla da pođe dalje, ali njeni iscrpljeni udovi nisu bili dorasli nestrpljenju njenog uma; usta i grlo su joj se osušili od muke i straha: borila se za dah, i klonula na stenu da na njoj pronađe oslonac. „Sve je uzaludno!" uzviknula je; „Osećam da ću se onesvestiti."

„Nasloni se na mene", reče ona druga; „hajde da nađemo sklonište u onom čestaru, gde ćemo se skloniti od pogleda; čujem šum vode, ona će te osvežiti."

S mnogo napora stigle su do čestara, koji se nadvijao nad nekim planiskim potočićem, baš tamo gde je njegova iskričava voda padala preko stene u neki prirodan bazen. Tu se Ines stropoštala na zemlju, iscrpljena. Njena drugarica donela je vodu između dlanova, i ovlažila joj blede slepoočnice. Od svežih kapi je živnula; uspela je da stigne do obale potoka i da pije iz kristalne struje; zatim, naslonivši glavu na grudi svoje izbaviteljke, uspela je da promrmlja reči srdačne zahvalnosti.

„Avaj!" reče ona druga, „Nisam ja zaslužila nikakvu zahvalnost; ne zaslužujem dobro mišljenje koje o meni izražavaš. Ja sam žrtva don Ambrosijevih spletki. U ranoj mladosti on me je zaveo u kolibi mojih roditelja: pogledaj! U podnožju one plave planine, u daljini, leži moje rodno selo: to, međutim, više nije moj dom. Otuda me je on izmamio, dok sam još bila previše mlada da bih razmišljala; on me je vaspitao, naučio me raznim veštinama, učinio da postanem osetljiva na ljubav, na sjaj, na prefinjenost; zatim, pošto se umorio od mene, zapostavio me je i bacio u svet. Na sreću, veštine kojima me je naučio spasle su me od krajnje oskudice; i ljubav koju je u meni probudio spasla me je da ne propadam dalje. Tako je! Priznajem svoje slabosti; sva njegova podmuklost, i nepravda koju mi je naneo ne mogu da ga izbrišu iz mog srca. Vaspitana sam da ga volim; nemam drugog idola: znam da je bedan, a ipak ne mogu a da ga ne obožavam. Zadovoljna sam što mogu da se pomešam sa gomilom najamnika koji mu pružaju zabavu kako bih mogla i dalje da se vrzmam oko njega i da se zadržavam u onim dvoranama u kojima sam nekada vladala kao gospodarica. Kakva je onda moja zasluga u tome što sam ti pomogla da pobegneš? Jedva znam da li to radim iz naklonosti i želje da spasem novu žrtvu iz njegove vlasti, ili iz ljubomore i potrebe da uklonim previše moćnu suparnicu!"

Dok je još govorila, sunce se diglo u punom sjaju, najpre osvetlivši planinske vrhove, zatim prikradajući se naniže od uzvišice do uzvišice, sve dok njegovi zraci nisu pozlatili kupole i kule Granade koje su se delimično mogle videti kroz drveće ispod njih. Tek tada se iz daljine začula teška jeka zvona, tutnjeći kroz planinu sa zlokobnim prizvukom. Ines je prebledela na taj zvuk. Znala je da je to veliko zvono na katedrali koje na dan auto da fea zvoni u osvit sunca kako bi obavestilo o pripremama za smrt. Svaki odjek zabio bi joj se u srce i zadao joj nedvosmislen, telesni bol. Gledala je divljačno. „Hajdemo!" povikala je; „nemamo ni trenutka za gubljenje!"

„Stani!" uzviknula je ona druga; „onamo su neki jahači koji dolaze preko obronaka na onom brdu u daljini; ako se ne varam, na čelu im je don Ambrosio. – Avaj! On je! Propale smo. Stoj!" nastavila je; „daj mi svoju maramu i veo; pokrij se ovom mantiljom. Ja ću pobeći stazom koja vodi u brda. Pustiću veo da leprša dok se penjem; možda će se prevariti i od mene pomisliti da si ti, pa će morati da sjašu kako bi pošli za mnom. Ako požuriš napred, brzo ćeš izbiti na glavni drum. Imaš nakit na prstima: podmiti prvog mazgara koga sretneš da ti pomogne na putu."

Sve je ovo kazala užurbano i bez daha. Zamenile su odeću za tili čas. Devojka je poletela brdskom stazom, i beli veo lepršao je kroz senovito šiblje, dok je Ines, dobivši novu snagu, ili tačnije, osetivši novi strah, pobegla na drum i Proviđenju poverila da povode njene nesigurne korake do Granade.

Cela Granada bila je na nogama u jutro tog sumornog dana. Teško zvono na katedrali nastavljalo je da odzvanja; zvuk je dopirao u svaki deo grada, dozivajući sve na jezivu predstavu koja je upravo trebalo da počne. Ulice kojima je trebalo da prođe procesija bile su pune svetine. Prozori, krovovi, svako mesto na koje je moglo da stane lice ili stopalo oživelo je od gledalaca. Na velikom trgu bilo je podignuto prostrano gubilište, poput amfiteatra, gde je nad zatvorenicima trebalo da budu izvršene kazne i da bude održana beseda vere; u neposrednoj blizini bile su pripremljene lomače na kojima je trebalo da budu spaljeni osuđenici. Bila su postavljena sedišta za velikaše, za veseljake, za lepotice; jer, ljudska radoznalost tako je jezive prirode da su na ovo surovo prinošenje žrtve ljudi dolazili radije nego u pozorište, pa čak i na borbe bikova.

Kako je dan odmicao, tribine i balkoni ispunjavali su se nestrpljivim gomilama; sunce je punim sjajem osvetljavalo njihova lica i bogatu odeću; čovek bi pomislio da je to pozornica otmenih svečanosti, a ne prikazivanja ljudskih muka i smrti. Koliko su samo ova predstava i obred bili drugačiji od onih koji su se u Granadi viđali u dane mavarskog sjaja! „Njene svečanosti, njeni turniri, njena alkarska nadmetanja, njene proslave Svetog Jovana, njena muzika, njene svečanosti Sambre i veličanstvene trščane nadstrešnice! Njene serenade, koncerti, pesme na Heneralifu! Skupocene odežde Abenseraha, njihovi izvanredni izumi, veština i hrabrost Alabasesa, veličanstvena odeća Segrija, Masasa i Gomelesa!"[4] – Svemu je tome došao kraj. Dani vi-

---

[4] Rodovi *Građanski ratovi u Granadi*.

teštva bili su svršeni. Umesto propinjanja konja u povorci, uz njisku paripa i živahnu trubu, sa uglačanim kopljem, i kacigom, i štitom; sa bogatim perjanicama, i zastavama, i barjacima, gde su se purpurna, i skerletna, i zelena, i narandžasta, i sve vesele boje mešale na tkaninama sa prelepim zlatnim vezom; umesto toga, tamo su se vukla sumorna kola praznoverice, pod kukuljicama i kostreti; sa raspećem i mrtvačkim kovčegom i zastrašujućim simbolima ljudske patnje. Na mestu viteza, otvorenog i srčanog, sa milodarom svoje dame na kalpaku i ljubavnom krilaticom na štitu, koji se trudi da junačkim delima od lepotice izvojuje osmeh, došao je obrijani, neljudski monah, oborenih očiju, glave i srca izbledelih u hladnom samostanu, koji u potaji kliče ovom trijumfu licemerja.

Zvonjava je najavljivala da se približava sumorna procesija. Polako je prošla kroz glavne ulice grada, noseći na čelu jezivi steg Svete službe. Zatvorenici su koračali lagano, okruženi ispovednicima, pod stražom žbira Inkvizicije. Bili su odeveni u različitu odeću, u skladu sa prirodom svoje kazne; oni koji je trebalo da umru nosili su jezivu samaru, košulju oslikanu plamenima i đavolima. Iz procesije su odjekivali horovi dečaka, različitih verskih redova i gradskih dostojanstvenika, i pre svih, otaca vere, koji su se kretali „sporim korakom, sa dubokom ozbiljnošću i istinskim likovanjem kakvo i dolikuje glavnim generalima u toj velikoj pobedi."[5]

Kako je sveti steg Inkvizicije napredovao, nepregledno mnoštvo padalo je na kolena pred njim;

---

[5] Gonsalvije, str. 135.

spuštali su glave do same zemlje dok je prolazio, a zatim polako ponovo ustajali, poput naleta snažnog talasa. Žamor glasova pojačavao se kako su se zatvorenici približavali, nestrpljive oči su se naprezale i prsti upirali u želji da razaznaju različite vrste pokajnika, čije su odežde pokazivale stepen kazne koja ih je očekivala. Ali kako su se primicali oni čije jezive odežde su ih obeležavale kao osuđenike na lomaču, žamor svetine se utišao; kao da su zadržavali dah; ispunjeni onim čudnim i sumornim zanimanjem sa kakvim posmatramo ljudsko biće na ivici patnje i smrti.

To je nešto jezivo – nema, bezglasna gomila! Mukla tišina i piljenje hiljada okupljenih ljudi koji su se popeli na zidove, kapije, krovove, visili kao u grozdovima, pojačavala je efekat predstave koja se sumorno nastavljala. Sada se mogao čuti tihi žamor sveštenika koji su izgovarali molitve i molbe, uz jedva čujne odgovore zatvorenika, i tu i tamo, u daljini, glasove hora koji peva litanije svetaca.

Lica zatvorenika bila su jezovita i puna očajanja. Čak i lica onih kojima je bilo oprošteno, i koji su nosili sambenito, to jest, odeždu pokajnika, nosila su na sebi tragove užasa kroz koje su prošli. Neki su bili malaksali i teturali se od dugotrajnog zatočeništva; neki obogaljeni i iskrivljeni od raznih mučenja; svako lice bilo je sumorna stranica na kojoj su se mogle pročitati tajne njihovog zatvora. Ali u pogledima onih koji su bili osuđeni na smrt bilo je nečega žestokog i žučnog. Oni su izgledali kao ljudi koje je prošlost razdirala, a budućnost ispunjavala očajanjem. Oni su zamišljali, duha u groznici od očajanja, sa sve čvršćom i tvrđom odlučnošću, žestoku borbu sa mukama i smrću koja im je predstojala. Neki su s vremena na vreme bacali divlje i teskobne poglede unaokolo, na sunčani dan; na „sunčane palate", na veseli, prelepi svet koji će uskoro zauvek napustiti; ili bi se odjednom sa prezirom osvrnuli na hiljade srećnika koji su se tiskali na slobodi i u životu, koji su izgledali, dok su posmatrali njihov stravični položaj, kao da kliču sopstvenoj relativnoj bezbednosti.

Jedan od osuđenika, međutim, bio je izuzetak od ovih zapažanja. Bio je to starac, malo poguren, sa vedrim, mada obeshrabrenim licem, i blistavim, melanholičnim pogledom. To je bio alhemičar. Svetina ga je gledala sa izvesnim sažaljenjem kakvo nije bila sklona da oseti prema zločincima koje je Inkvizicija osudila; ali kada joj je bilo rečeno da je osuđen za zločin magije, uzmakla je sa strahom i gađenjem.

Procesija je stigla do velikog trga. Prvi deo već se bio popeo na gubilište, i osuđenici su se približavali. Pritisak svetine postao je prejak, pa su je stražari odgurkivali u talasima. Baš kada su osuđenici izlazili na trg, iz gomile se začuo vrisak. Videlo se kako se neka žena, bleda, izbezumljena, razbarušene kose, probija kroz mnoštvo. „Oče moj! Oče moj!" bilo je jedino što je izgovarala, ali su od toga sva srca uzdrhtala. Gomila se nagonski povlačila i otvarala joj put dok je prolazila.

Siroti alhemičar pomirio se sa Nebom i, kroz tešku bitku, uspeo da zatvori svoje srce za ovaj svet, kada ga je glas njegovog deteta još jednom prizvao nazad, svetovnim mislima i mukama. Osvrnuo se na dobro poznati glas; kolena su mu klecnula; hteo je da ispruži vezane ruke i osetio kako su ih ruke njegovog deteta stisnule u zagrljaj. Kod oboje su osećanja imala previše bolan izraz. Grčeviti jecaji i isprekidani uzvici, zagrljaji pre ispunjeni teskobom nego nežnošću, to je bilo sve što su razmenili među sobom. Procesija je na trenutak zastala. Zapanjeni monasi i žbiri bili su i protiv svoje volje ispunjeni poštovanjem pred tim jadima prirodne ljubavi. Izlivi sažaljenja provalili su iz gomile koju je dirnula odanost kćeri i izvanredna i beznadežna tuga tako mladog i prelepog bića.

Svaki pokušaj da je umire i nagovore da se skloni bio je bezuspešan; na kraju su rešili da je silom odvoje od njega. Kretanje ju je trglo iz privremene posustalosti. U iznenadnom napadu besa, otela je mač jednom od žbira. Njeno maločas bledo lice zacrvenelo se od besa, i vatra je suknula iz njenih do tada blagih i čežnjivih očiju. Stražari su ustuknuli sa strahopoštovanjem. Bilo je nečega u njenoj kćerinskoj mahnitosti, njenoj ženskoj nežnosti dovedenoj do očajanja, što je dirnulo čak i njihova otvrdla srca. Trudili su se da je umire, ali uzalud. Njeno oko bilo je žustro i brzo, kao u vučice koja čuva svoje mladunce. Jednom rukom pritisnula je oca na grudi, drugom je zapretila svakome ko bi joj se primakao.

Strpljenje stražara brzo je bilo iscrpljeno. Oni su uzmakli sa strahopoštovanjem, ali ne i sa strahom. I pored sveg njenog očaja, ubrzo su joj istrgli oružje iz slabe ruke, i dok je vrištala i udarala, odvukli je u gomilu. Rulja je sažaljivo zažagorila; ali Inkvizicija je ulivala takav strah da se niko nije usudio da se umeša.

Procesija je nastavila dalje. Ines se bezuspešno borila da se oslobodi iz ruku žbira koji su je zadržavali, kada je odjednom pred sobom opazila don Ambrosija. „Jadna devojko!" uzviknuo je on u besu, „zašto si pobegla od prijatelja? Predajte je", rekao je žbirima, „mojim slugama; ona je pod mojom zaštitom."

Sluge su prišle da je uhvate. „Oh, ne! oh, ne!" povikala je ona, sa novim užasom se hvatajući za žbire, „Nisam ja pobegla ni od kakvih prijatelja. On nije moj zaštitnik! On je ubica moga oca!"

Žbiri su bili zbunjeni; gomila je pritiskala sa nestrpljivom radoznalošću. „Sklanjajte se!" povikao je besni Ambrosio, odgurujući rulju oko sebe. Zatim se okrenuo žbirima, sa iznenadnom blagošću, „Prijatelji moji", rekao je, „predajte mi tu sirotu devojku. Od nedaća je pomerila pameću; jutros je pobegla od svojih prijatelja i zaštitnika; ali malo mira i ljubaznosti vratiće joj spokojstvo."

„Nisam ja luda! Nisam luda!" povikala je žučno. „Oh, izbavite me! – Izbavite me od ovog čoveka! Nemam drugog zaštitnika na zemlji osim svoga oca, a njega ubijaju!"

Žbiri su odmahivali glavama; njena mahnitost potvrđivala je don Ambrosijeve tvrdnje, a njegov očigledni značaj nalagao je da ga poštuju i da mu veruju. Prepustili su mu svoju dužnost, a on je Ines, koja se otimala, predao svojim slugama.

„Pusti me, zločinče!" povikao je glas iz gomile – i videlo se kako se Antonio žustro probija kroz narod koji se tiskao.

„Drž'te ga! Drž'te ga!" povikao je don Ambrosio žbirima. „To je čarobnjakov saučesnik."

„Lažove!" odvratio je Antonio dok je odgurivao gomilu ulevo i udesno i probijao se do tog mesta.

Don Ambrosijev mač u trenutku je sevnuo iz kanije; student je bio naoružan, i jednako spreman. Oružja su se žestoko sudarila: gomila se sklanjala oko njih dok su se borili, i ponovo se skupljala, kao da želi da ih zakloni od Inesinog pogleda. Na trenutak je sve postalo komešanje i zbrka; kada su se ponovo začuli povici gledalaca i gomila se ponovo razmakla, ona je opazila, kako joj se učinilo, da se Antonio kupa u svojoj krvi.

Ovaj novi udarac bio je previše težak za njen već preopterećen um. Obuzela ju je vrtoglavica; kao da joj se sve uskovitlalo pred očima; promrmljala je neke nepovezane reči i bez svesti se stropoštala na tle.

Prošli su dani – nedelje, pre nego što je Ines ponovo došla svesti. Na kraju je otvorila oči, kao da se budi iz mučnog sna. Ležala je na veličanstvenom krevetu, u bogato nameštenoj odaji sa ogledalima između prozora i masivnim stolovima optočenim srebrom, izvanredno izrađenim. Zidovi su bili prekriveni tapiserijama bogato opervaženih ivica; kroz vrata, koja su bila otvorena, ugledala je veličanstven salon sa kipovima i kristalnim lusterima, i veličanstven niz odaja iza njega. Prozorska okna u sobi bila su otvorena da propuste blagi dah leta koji se uvlačio natopljen mirisima iz obližnjeg vrta; otuda se čuo i osvežavajući žubor šedrvana; i slatka pesma ptica dopirala joj je do ušiju u skladnoj muzici.

Služavke su se kretale po odaji bešumnim koracima; ali ona se ustezala da im se obrati. Strahovala je da je sve to samo varka, da se i dalje nalazi u don Ambrosijevoj palati, i su da njeno bekstvo i sve okolnosti oko njega bile samo grozničav san. Ponovo je zatvorila oči, trudeći se da se priseti prošlosti i da razluči stvarnost od mašte. Poslednji svesni prizori, međutim, pokuljali su sa svim svojim užasima u njen um previše silno da bi u njih posumnjala, pa je drhteći odustala od prisećanja kako bi još jednom osmotrila mirnu i vedru veličanstvenost oko sebe. Kada je ponovo otvorila oči, pogled joj se zadržao na predmetu koji joj je smesta uklonio svaki strah. Kraj uzglavlja kreveta sedela je časna prilika koja je bdela nad njom sa izrazom privrženosti i strepnje – bio je to njen otac!

Neću ni pokušati da opišem prizor koji je usledio, kao ni trenutke zanosa koji su bili više nego dovoljna plata za svu patnju koju je preživelo njeno nežno srce. Čim su im se osećanja primirila, alhemičar je izišao iz sobe kako bi uveo neznanca kome je dugovao život i slobodu. Vratio se vodeći Antonija, koji više nije bio u odeždi siromašnog studenta, nego u bogatom plemićkom ruhu.

Inesina osećanja bila su bezmalo preplavljena tim iznenadnim obrtima, i prošlo je neko vreme pre nego što se ona dovoljno pribrala da bi shvatila objašnjenje za ono što joj je ličilo na bajku.

Ispostavilo se da je zaljubljeni čovek koji je tražio njenu naklonost u odeći siromašnog studenta sin jedinac i naslednik moćnog valensijanskog velikaša. Studirao je na univerzitetu u Salamanki, ali ga je živa radoznalost i želja za pustolovinom navela da bez očevog pristanka napusti univerzitet i obiđe razne krajeve Španije. Kada je zadovoljio svoju sklonost ka lutanjima, ostao je krijući svoje ime neko vreme u Granadi, sve dok kroz dalje učenje i samovaspitavanje nije sebe pripremio da se kući vrati kao čestit čovek i da okaje neposlušnost prema očevom autoritetu.

Koliko je naporno učio, nije ostalo zabeleženo. Sve što znamo jeste njegova romantična pustolovina u kuli. Najpre je to bio običan mladalački hir na koji ga je podstakao prizor prelepog lica. Kada je postao alhemičarov učenik, verovatno nije pomišljao ni na šta više od lake ljubavne veze. Kada je bolje upoznao devojku, međutim, ona je vezala za sebe sva njegova osećanja, pa je odlučio da Ines i njenog oca povede u Valensiju i da prepusti njenim čarima da mu obezbede očev pristanak da se njih dvoje sjedine.

U međuvremenu su ga pronašli u njegovom skrovištu. Njegovom ocu dojavljeno je da se upleo u zamke tajanstvenog pustolova i njegove ćerke, i da će, po svemu sudeći, postati žrtva njenih čari. Izaslanici od poverenja poslati su da ga silom uhvate i bez odlaganja vrate u očev dom.

Kakvu je rečitost upotrebio ne bi li uverio oca u alhemičarovu bezazlenost, čast i visoko poreklo, i u uzvišenu vrednost njegove ćerke, nije zabeleženo. Samo znamo to da je otac, mada veoma strastan, bio i veoma razuman čovek, što se vidi iz njegovog pristanka da dozvoli sinu da se vrati u Granadu i da dovede Ines kao verenicu i buduću nevestu u Valensiju.

Tako je don Antonio požurio nazad, pun radosnih nada. Još se uzdržavao da odbaci svoju masku, zaljubljeno predstavljajući sebi kako će se samo

Ines iznenaditi kada, pošto je osvojio njeno srce i ruku kao siromašni student-lutalica, on odjednom uzdigne i nju i njenog oca do bogatstva i sjaja.

Kada je stigao, zaprepastio se što kulu zatiče napuštenu od njenih stanara. Uzalud je tragao za obaveštenjima o njima; nad njihovim nestankom bila se nadvila tajna u koju nije uspevao da pronikne, sve dok nije bio pogođen kao gromom kada je slučajno pročitao spisak zatvorenika koji će biti izvedeni na sledeći auto da fe, i među osuđenicima na smrt našao ime svog časnog učitelja.

Bilo je to baš onog jutra koje je bilo predviđeno za pogubljenje. Procesija je već bila krenula na veliki trg. Nije se smeo izgubiti nijedan trenutak. Veliki inkvizitor bio je don Antonijev rođak, ali se oni nikada nisu sreli. Najpre je pomislio kako treba da mu se predstavi i upotrebi sav uticaj svoje porodice, težinu svoga imena i moć svoje rečitosti kako bi odbranio alhemičara. Ali veliki inkvizitor je već bio krenuo, u punom sjaju, na mesto gde je kobni obred trebalo da bude izveden. Kako bi mu mogao prići? Antonio sa bacio u gomilu, u groznici i na mukama, i probijao se ka pozornici užasa, gde je stigao tačno na vreme da spase Ines, kako je već ispričano.

Don Ambrosio je bi taj koji im se suprotstavio. Pošto je bio teško ranjen i mislio da mu se bliži kraj, ispovedio se jednom od otaca Inkvizicije i rekao da je on jedini razlog iz kojeg je alhemičar osuđen, i da su dokazi na kojima se osuda zasniva potpuno lažni. Don Antonijevo svedočanstvo potvrdilo je ovo priznanje, a i njegovo srodstvo sa velikim inkvizitorom imalo je, po svemu sudeći, svoju težinu. Tako je siroti alhemičar izvučen, da tako kažemo, iz samog plamena; a naklonost koju je probudio njegov slučaj bila je tako velika da se svetina jednom i obradovala tome što su joj uskratili neko pogubljenje. Ostatak priče lako može zamisliti svako ko je upućen u ovu vrednu vrstu povesti. Don Antonio se venčao sa lepom Ines i poveo nju i njenog oca u Valensiju. Kao što je bila ćerka puna ljubavi i poštovanja, tako se pokazala i kao iskrena i nežna supruga. Ubrzo potom don Antonio je nasledio titule i imanja svoga oca, i on i njegova lepa žena bili su poznati kao najzgodniji i najsrećniji par u celoj Valensiji.

Što se tiče don Ambrosija, on se donekle oporavio da bi mogao da preživi, narušenog zdravlja i ukaljanog imena, i sakrio svoju grižu savesti i nesreću u samostanu, dok se sirota žrtva njegovih spletki, koja je pomogla Ines u bekstvu, pošto nije mogla da savlada mladalačku strast koja se probudila u njenim grudima, mada uverena u niskost njenog predmeta, povukla iz sveta i postala smerna sestra u ženskom manastiru.

Čestiti alhemičar nastanio se sa svojom decom. Paviljon u vrtu njihove palate bio mu je dodeljen kao laboratorija u kojoj je sa obnovljenim žarom nastavio potragu za velikom tajnom. Povremeno bi mu u tome pomagao zet; on je, međutim, posle ženidbe ozbiljno popustio u revnosti i marljivosti. I dalje bi sa dubokom ozbiljnošću i pažnjom slušao starčeve priče, i navode iz Paracelzusa, Sandivogija i Petra od Abana, koji su iz dana u dan postajali sve duži. Tako je dobri alhemičar živeo tiho i udobno sve do vremena koje se zove dobre godine, to jest, godine koje više ni za šta nisu dobre; i na nesreću po čovečanstvo, oteran je iz ovog života u devedesetoj, baš kada se našao na ivici otkrića Kamena mudrosti.

*

Ovo je bila priča kapetanovog prijatelja kojom smo prekratili jutro. Kapetana su svaki čas prekidali pitanjima i opaskama koje nisam pominjao kako ne bih prekidao nit priče. Takođe ga je jednom ili dvaput malo poremetio general, koji je zaspao i prilično teško disao, na veliki užas i nezadovoljstvo Ledi Lilikraft. U dugoj i nežnoj ljubavnoj sceni, takođe, koja je bila posebno po ukusu Ledi, nesrećni general, pošto mu je glava malo pala na grudi, nastavio je u pravilnim razmacima da ispušta zvuke veoma nalik reči *pih*, odavno izišloj iz upotrebe. Na kraju je ispustio neki čudan iznenadni grleni zvuk koji ga je naglo probudio; nakašljao se, blago uznemiren obazreo se oko sebe, a zatim počeo da se igra torbicom za pletivo naše Ledi, koju je ona, međutim, prilično mrzovoljno izmakla. Postojan zvuk kapetanovog glasa još je bio previše moćno sredstvo za uspavljivanje za sirotog generala; on je nastavio da pojačava i prigušuje svetlost lampe, sve dok ga kraj priče nije ponovo razbudio; kada se prenuo, spustio je nogu na džukelu Ledi Lilikraft, uspavanu Lepoticu, koja je zakevtala i ščepala ga za nogu i, za trenutak, cela biblioteka je odjekivala od skičanja i povika. Nikada čovek nije sam sebi gore doakao u snu. Pošto se na kraju vratio mir, družina je izrazila zahvalnost kapetanu i iznela različita mišljenja o priči. Parohove misli, otkrio sam, stalno su se vrtele oko olovnih rukopisa pomenutih na početku, onih koji su navodno bili iskopani u Granadi, pa je kapetanu postavio nekoliko nestrpljivih pitanja o tome. General nije baš lako mogao da uhvati tok priče, i smatrao je da je pomalo zbrkana. „Ipak, zadovoljan sam", rekao je, „što su spalili staro momče iz kule; uopšte ne sumnjam da je bio prevejana varalica."

VAŠINGTON IRVING I ŠPANIJA

Vašington Irving važi za jednog od prvih američkih „ljudi od pera". Rođen je u Njujorku 3. aprila 1783. godine, kao osmo od jedanaestoro dece. Njegov otac doselio se sa krajnjeg severa Škotske, a majka sa krajnjeg juga Engleske; postali su Amerikanci posle·Revolucije, u stvari svega nekoliko godina pre rođenja sina koga će, u revolucionarnom oduševljenju, krstiti imenom prvog američkog predsednika. Prema anegdoti, jednom prilikom je majka prinela malog Vašingtona predsedniku prilikom njegove posete Njujorku, i ovaj ga je blagoslovio. Pred kraj života, pošto je već bio opisao živote Kristifora Kolumba i njegovih drugova, isterivanje Mavara iz Granade i osvajanje Divljeg Zapada, kao i poslovne poduhvate nemačkog krznara Jakoba Astora u Oregonu, Vašington Irving je objavio petotomnu biografiju Džordža Vašingtona.

Otac Vašingtona Irvinga, dobrostojeći trgovac, želeo je da se njegov sin bavi pravom. Slabog zdravlja i romantičnog senzibiliteta, Irving je 1802. godine počeo da objavljuje prve književne radove u novinama. Bili su to humoristički tekstovi o Njujorku i njujorškom pozorištu, koje je pod pseudonimom Džonatan Oldstajl objavljivao u novinama koje je pokrenuo njegov brat.

Godine 1804. prekinuo je šegrtovanje u advokatskoj kancelariji, pošto je oboleo od tuberkuloze, i pošao na putovanje po Evropi. Tamo je ostao dve godine.

Iskrcao se u Bordou, i nastavio putovanje po Sredo-
zemlju. Na jednom od putovanja od Firence, Đenove,
Rima, do juga Italije, brod na kojem je putovao napali
su i opljačkali gusari koji su, odlazeći, prema starim gu-
sarskim običajima kapetanu dali „priznanicu" za sve
što su uzeli i uputstvo za britanskog konzula u Mesini
da im plati štetu.
    Nekoliko meseci Irving je proveo na Siciliji, zatim
otputovao u Napulj, a odatle ponovo u Rim. Sa tog pu-
tovanja vratio se užasnut bedom na Siciliji i odušev-
ljen italijanskom muzikom i slikarstvom u Rimu. Za-
tim je otišao u Pariz i tamo ostao nekoliko meseci.
Preko Holandije, nastavio je putovanje do Londona, i
ostao u Engleskoj celu jesen. Vratio se u Ameriku po-
četkom 1806. godine.
    Ovo putovanje bilo je jedno od onih „obrazovnih
putovanja" uobičajenih za to doba, i u piscu Irvingu
stvorilo zametak budućih zanimanja za evropsku tra-
diciju i legende. Na tom prvom putovanju nije odlazio
u Španiju, koja će, međutim, predstavljati značajan
predmet interesovanja u njegovom kasnijem književ-
nom radu.
    Po povratku u Njujork vratio se i pravu, u advokat-
skoj kancelariji Džosaje Hofmana, u čiju ćerku Matil-
du se zaljubio i sa kojom se verio. Ona je, međutim,
ubrzo umrla, u svojoj sedamnaestoj godini. Irving se
nikada nije oženio.
    Godine 1809. objavio je knjigu *Istorija Njujorka od
početka sveta do kraja holandske dinastije*, zbirku hu-
morističkih priča o Holanđanima u Njujorku. Potpisao
ju je imenom Ditrih Nikerboker, i tako uveo podsme-
šljivi naziv za Njujorčane holandskog porekla – Ni-
kerbokere – u engleski jezik. Mada je objavljivao is-
ključivo pod pseudonimima, bilo je poznato da je on
autor tih tekstova. Kada je objavljena u Engleskoj, knji-

ga je privukla pažnju Valtera Skota, koji je izjavio da ga je stomak boleo od smeha dok ju je čitao.

Tokom rata 1812. godine, Irving je bio urednik *Magazina Analektik*, u kojem je objavljivao patriotskim biografskim beleškama o američkim pomorskim junacima. Pred kraj rata postao je pukovnik u miliciji Države Njujork.

Maja 1815. otputovao je u Evropu i tamo ostao sedamnaest godina. Najpre je otišao u Liverpul sa bratom Piterom, sa kojim je iz Engleske uvozio proizvode od čelika. Godine 1818. Piter je bankrotirao, a Vašington Irving se vratio pisanju. Dok je pisao knjigu *Beležnica Džefrija Krejona*, upoznao je Valtera Skota. To poznanstvo navelo ga je da materijal za svoje tekstove potraži u nemačkim narodnim pričama. Oslanjajući se na te izvore, Irving je napisao i neke od svojih najčuvenijih priča, *Rip Van Vinkl* i *Legenda o Slipi Holou*. Tokom 1819, Irving je počeo da šalje delove *Beležnice* u Njujork, gde su priče objavljivane u časopisu, da bi je potom kao knjigu objavio 1820. godine u Londonu.

Beležnica ga je proslavila ne samo u Americi, nego i u Britaniji. Njegov novi pseudonim, Džefri Krejon, postao je poznat sa obe strane okeana. Deo njegovog uspeha u Britaniji poticao je od zaprepašćenja nad činjenicom da neko ko je rođen u Americi može na tako engleski način da piše o Engleskoj. Oduševljenje s kojim je knjiga prihvaćena, od Irvinga je učinilo najpoznatijeg američkog književnika u zemlji i inostranstvu.

Sledeća zbirka bila je *Brejsbridž Hol*, objavljena 1822. godine, takođe mnogo čitana i hvaljena. Obraćajući se „Čestitome čitaocu", autor – ponovo Džefri Krejon – beleži: „Sada kada ponovo uzimam pero u ruku, prinuđen sam da na samom početku iznesem nekoliko napomena kojima ću zamoliti za blagonaklonost i razumevanje. Knjige koje sam objavio naišle su na prijem koji je daleko prevazišao i moje najživlje nade. Rado bih to pripisao sopstvenim zaslugama; ali uprkos taštini autorstva, moram imati u vidu da za njihov uspeh imam u velikoj meri da zahvalim mnogo manje laskavom uzroku. Za moje evropske čitaoce bilo je pravo čudo što čovek iz divljine Amerike ume da se izražava na podnošljivom engleskom jeziku. Na mene su gledali kao na nešto novo i čudnovato u književnosti, kao na neku vrstu poludivljaka, sa perom u ruci umesto na glavi; i bili su radoznali da čuju šta takvo biće ima da kaže o civilizovanom društvu."

Za Irvinga je upotreba književnih pseudonima bilo pitanje književnog postupka. Veći deo svojih dela, i to baš onih koja su mu donela najveću slavu, nije potpisao svojim imenom. Već u prvim kniževnim tekstovima za novine koje je objavljivao njegov brat, mladi Irving je, pišući kritike i satire na račun njujorškog društva, koristio pseudonim Džonatan Oldstajl. Kasnije, koristeći imena Ditrih Nikerboker ili Džefri Krejon, svoje priče obeležio je izvesnom tajanstvenošću. Ugled koji je Irving uživao počivao je na dva glasa koja je majstorski umeo da iskoristi: glasu Ditriha Nikerbokera, rođenog na obalama reke Hadson, oštrog i pomalo nevaspitanog, i Džefrija Krejona, pisca elegantnog i doteranog stila.

Irving je na svom drugom evropskom putovanju ostao od 1815. do1832. godine. Kada je napustio Englesku, živeo je u Drezdenu (1822–23), pa ponovo u Londonu (1824), a zatim u Parizu (1825). U Engleskoj je, kažu, imao romantičnu vezu sa Meri Šeli. Godine 1824. u Filadelfiji je objavio *Putnikove priče*, koje je napisao posle putovanja po Nemačkoj. Ova knjiga nije imala uspeha kao prethodne, pa je Irving 1826. odlučio da zamoli poznanika, tadašnjeg američkog ambasadora u Madridu, Aleksandra Evereta, da mu nađe posao u američkoj ambasadi. Odlučio je i da prevede knjigu o Kristiforu Kolumbu, koju je Martin Fernandes de Navarete tada u Madridu pripremao za štampu. U Španiji je ostao sve do 1829. godine. Pre dolaska u Španiju, Irving je već unekoliko znao španski jezik; život diplomate nije bio bez izvesne privlačnosti za čoveka njegovog temperamenta; u stvari, tada je bio rešen da se potpuno posveti pisanju, i bilo mu je potrebno smirenje posle neuspeha u poslovima koje je vodio sa braćom.

Irving je stigao u Madrid u februaru 1826, ispunjen oduševljenjem kakvo je retko pokazivao. Nastanio se u kući američkog konzula Obadaje Riča, čija mu je velika biblioteka stajala na raspolaganju. Navareteovo delo, koje je trebalo da prevodi, bilo je u stvari kompilacija dokumenata i Kolumbovih dnevnika, te je Irving odustao od prevođenja i odlučio da napiše originalnu knjigu o Kolumbu. Obadaja Rič imao je izvanrednu zbirku knjiga i rukopisa o španskoj i latinoameričkoj istoriji. Irving je dve godine kasnije, 1828, objavio *Život i putovanja Kristifora Kolumba*, knjigu koja nije u pravom smislu Kolumbova biografija, već Irvingova varijanta istorije, zasnovana na istraživanju istorijskih dokumenata. Bila je to prva knjiga koju je potpisao svojim imenom.

Tih godina nastale su i knjige *Letopis osvajanja Granade* (1829), *Putovanja i otkrića Kolumbovih drugova* (1831) i *Alhambra* (1832). Radio je sa oduševljenjem, ustajao u dva, tri ili pet sati ujutro (kako svedoči tada mladi Longfelou) i pisao po ceo dan i do duboko u noć. U dnevniku iz tog perioda zapisivao je lakonski: „Ceo dan pisao; Ustao rano ujutro, pre svitanja, i pisao; Radio celog dana sve do kasno uveče."

„Ti hiroviti trenuci grozničavog stvaranja", zabeležio je kasnije, „bili su najsrećnije vreme mog života. Nikada ni u čemu izvan četiri zida moje radne sobe nisam našao uživanje ravno sedenju za pisaćim stolom pred belom stranicom, sa novom temom, pribranog uma." Radeći na Kolumbovoj biografiji, zainteresovao se za osvajanje Granade, istraživao dokumenta o tome naporedo sa istraživanjima dokumenata o Kolumbovom životu, a zatim iz Madrida krenuo na jug Španije.

Po Španiji se u to vreme nije moglo putovati ni brzo ni udobno, ali se na putu svakako moglo očekivati mnogo uzbuđenja. Tako u jednom pismu iz Granade Irving piše:

„Do sada smo putovali pod srećnom zvezdom, to jest, izbegli smo da budemo opljačkani, mada smo se izlagali opasnostima jednakim onima kojima se Danilo izlagao u jami sa lavovima; najveća opasnost, međutim, ubeđen sam u to, dolazila nam je od naših pratilaca, pljačkaša koji su se povukli iz posla, ali kao da su im ostale sklonosti ka starom zanimanju."

Za nešto više od mesec dana stigao je do Gibraltara. Otišao je u Sevilju, i tamo ostao do maja 1829. godine, kada je zajedno sa princom Dolgorukovim, ruskim ambasadorom na persijskom dvoru, otputovao za Granadu. Neko vreme njih dvojica su čak boravili u palati Alhambra, gde je Irving napisao neke od svojih najpoznatijih španskih priča.

Irving kao ataše nije imao previše obaveza, što mu je dalo vremena da se posveti društvenom životu i stekne brojne prijatelje. Među njima su bila i neka od najznačajnijih imena španske književnosti toga doba, kao što su Sesilija Bel de Faber, spisateljica koja je svoja dela objavljivala pod pseudonimom Fernan Kabaljero, i Hose de Espronseda, čuveni španski romantičarski pesnik koji je 1840. godine objavio dramu takođe pod naslovom *Student iz Salamanke*. Ta poznanstva ostaće i kasnije, tokom njegovog drugog boravka u Španiji, od 1842. do1846, duboka prijateljstva. Sesiliju Bel de Faber, spisateljicu romantičarskih uverenja, Irving je upoznao u Sevilji, za Božić 1828. godine. Posećivao je njenu kuću, prijateljevao sa njenim bratom. U jednom pismu mu je pisao:

„Bio sam zapanjen koliko liči na vas, ne samo licem, nego i snagom i živošću osećanja, načinom na koji se izražava i na koji razmišlja. ... Ona je, kako mi se čini, bila ljubazna da zapiše neke od anegdota koje mi je ispričala o španskim seljacima, o njihovom načinu života i razmišljanja. Ispričala ih je izvanredno duhovito i oštroumno, i u stvari je razgovor sa njom na mene ostavio takav utisak da sam zabeležio sve čega sam mogao da se setim. Ne znam kada sam sa bilo kime vodio prijatniji razgovor: bio je tako pun *originalnih* stvari, poteklih od osećanja koliko i od posmatranja."

Irving je kod Fernan Kabaljero naišao na zanimanje za narodne legende i predanja, koje je i sam prikupljao na putovanjima po Evropi. Naročito se zainteresovao za mavarsku komponentu španskog folklora, o čemu svedoči i u pismu koje je prijatelju uputio iz Granade 15. marta 1828. godine:

„Od onog ubogog đavola, mog vodiča, saznao sam mnoge veoma zanimljive pojedinosti o praznovericama koje kruže među sirotinjom nastanjenom oko Alhambre, u vezi sa starim ruševnim kulama. Zapisao sam te zabavne anegdotice, a on je obećao da će mi ispričati i druge. Uglavnom su vezane za Mavare i blaga koja su zakopali u Alhambri, i za pojavljivanje njihovih mučeničkih aveti oko kula i ruševina u kojima je skriveno njihovo zlato."

Irvingovo oduševljenje mavarskom kulturom u Španiji donelo je jednu od prvih popularnih predstava o islamu u Sjedinjenim Državama. Irvingovo oduševljenje mavarskom kulturom nedvosmisleno je već u priči *Student iz Salamanke*, objavljenoj u zbirci *Brejs-*

bridž Hol (1822). Kasnije, tokom svojih boravaka u Španiji, Irving je otišao dalje u proučavanjima mavarskih elemenata španske kulture i nasleđa, o čemu najbolje svedoče *Letopis osvajanja Granade* iz 1829, i *Alhambra*, iz 1832. godine.

Tako je u priči *Legenda o arapskom astrologu*, iz zbirke *Alhambra*, Irving opisao mavarskog kralja Ibn Habuza, koga je očarala lepa hrišćanska princeza čije „crne oči su delovale kao varnice na vatru starog ali još zapaljivog kralja". Hrišćankina lepota na kraju će uništiti Ibn Habuzovo kraljevstvo, kako je prorekao kraljev astrolog, i on će biti prinuđen da napusti Alhambru, taj simbol mavarske veličine koji je uništilo hrišćanstvo: sile hrišćanstva i islama se sukobljavaju kroz mešavinu istorije i fikcije od koje Irving gradi svoje egzotične priče.

Kao što se rado koristio pseudonimima, tako je Irving rado pribegavao i uvodnim odeljcima u kojima objašnjava iz kojih je izvora – stvarnih ili fiktivnih – potekla priča koja će biti ispričana. Tako za priču naslovljenu *Krstaški pohod Velikog Majstora reda Alkantare* Irving kao izvor navodi knjigu:

„Tokom jutarnjeg traganja po starim letopisima u biblioteci Univerziteta, naišao sam na jednu epizodu iz istorije Granade tako svojstvenu licemernoj revnosti koja je ponekad raspaljivala hrišćane u pohodima na ovaj veličanstveni grad osuđen na propast, da sam došao u iskušenje da je izdvojim iz knjige uvezane u pergament u kojoj je bila sahranjena i da je podnesem čitaocu."

Priču *Student iz Salamanke*, Džefri Krejon u *Brejsbridž Holu* uvodi sledećim rečima:

„Ovo je jedan od zapisaka mog sirotog prijatelja, Čarlsa Lajtija, dragona. Bio je radoznao, romantičan, studiozan, maštovit momak; omiljena, mada često nesvesna meta poruge svojih drugova oficira, koje je zabavljala njegova ekscentričnost. Njegova službovanja bila su neka od najtežih na poluostrvu, i svuda se odlikovao junaštvom. Kada bi mu predah od dužnosti dozvoljavao, voleo je da švrlja po okolini, da posećuje slavna mesta, i bio je naročito privržen mavarskim ruševinama. Kada bi sedeo u kasarni, mnogo je piskarao, i mnoge časove odmora provodio sa perom u ruci. ... Priču koju ću pročitati je, kako kaže, napisao u Španiji u vreme dok je ležao bolujući od rana koje je zadobio u Salamanki. ... Kapetan je počeo priču; za dobrobit čitaoca, sačuvao sam njen prepis."

Igranje pseudonimima i lažnim izvorima donelo je Irvingu i izvesne neprilike kada je objavio *Letopis osvajanja Granade*, knjigu koju je potpisao svojim imenom, ali uz dodatak: „Prema rukopisima brata Antonija Agapide". U „dopunjenom izdanju" knjige iz 1851. godine, Irving je zabeležio: „Uvod koji je prethodno napisan za ranija izdanja ovog dela unekoliko je štetio samoj knjizi. Otkriveno je da je brat Antonio Agapida imaginarna ličnost, i to je bacilo senku sumnje na verodostojnost njegovog *Letopisa*, što je sve pojačala određena crta ironije koju sam ovde-onde sebi dopustio."

Godine 1829, Irving je imenovan za sekretara američke misije u Londonu. U Sjedinjene Države vratio se 1832, gde je napisao tri knjige o američkom Zapadu: *Obilazak Prerija* (1832), *Astorija* (1836), i *Avanture kapetana Bonvila* (1837). Krajem tridesetih godina devetnaestog veka, Irving je kupio kuću u Taritaunu, kraj reke Hadson, severno od Njujorka, gde je živeo sa nekoliko članova svoje porodice, između ostalih, i pet bratanica. U tom razdoblju malo je pisao.

Godine 1842. imenovan je za ambasadora u Španiji. Četiri godine bio je veoma uspešan diplomata u Madridu, prvi američki ambasador u Španiji koji je znao španski jezik. Poznata je anegdota o tome kako je Espronseda, kada je neko u njegovom prisustvu uputio prezrivu opasku na račun književnika koji šeprtljaju po diplomatiji – mada je opaska bila u stvari upućena na Espronsedin račun – uvređeno rekao kako je Vašington Irving „prvorazredni pisac, širom Evrope poznatiji po svojim knjigama nego po briljantnoj diplomatskoj karijeri."

Bilo je to vreme velikih previranja u Španiji, i ovoga puta Irving nije imao vremena da se posveti književnom radu. Izvan politike, Irvingov boravak u Madridu bio je ispunjen melanholičnim prisećanjima. U pismu svom prijatelju, princu Dolgorukovu, sada ruskom ambasadoru u Napulju, seća se veselijih dana, u zapisu koji po osećanju i tonu živo podseća na opis trenutaka razočaranja koji su savladali mladića u dvadeset godina ranije napisanoj priči *Student iz Salamanke*:

„Vreme razbija čari i iluzije. Sećaš li se kakav je utisak ostavila na mene prelepa devojka (neću pominjati imena) koja se pojavila kao Bogorodica sa Muriljovog Uspenja? Bila je mlada, tek se bila udala, sveža i neiskvarena u društvu, tako da ju je moja mašta poistovetila sa svime što je čisto, lepo, nevino i anđeosko u ženi. Pokazali su mi je u pozorištu ubrzo pošto sam stigao u Madrid. Nestrpljivo sam se okrenuo da vidim original slike koju sam zapamtio i okačio da visi u svetilištu moga uma. Video sam da je još zgodna, mada pomalo kao matrona; sedela je, sa svojim ćerkama, u loži nekog plemića koji drži do mode, mlađeg od nje, dubokog džepa ali plitke pameti, koji je otvoreno i svima naočigled njen kavaljer. Čarolija je nestala, slika je pala sa zida. Možda običaji unesrećene zemlje i raspuštenost u kojoj se nalazi društvo mogu da joj pruže izvinjenje; ali ja nikada više neću moći da je se setim sa onim oreolom ženske čistote i ljupkosti koja je okruživala Muriljovu Bogorodicu."

Irving se u Ameriku vratio 1846. godine, i nastavio sa književnim radom. Priredio je nova izdanja knjiga napisanih u vreme prvog boravka u Španiji, dopunio ih i proširio. Umro je 28. novembra 1859. godine, i sahranjen na groblju Slipi Holou kraj Stare holandske crkve u blizini svog imanja u Sanisajdu.

SADRŽAJ

Vašington Irving STUDENT IZ SALAMANKE • Izdavačko preduzeće
RAD Beograd, Dečanska 12 • Glavni urednik NOVICA TADIĆ •
Lektor i korektor MIROSLAVA STOJKOVIĆ • Za izdavača SIMON
SIMONOVIĆ • Štampa Elvod-print, Lazarevac • Primeraka 500

www.ingramcontent.com/pod-product-compliance
Lightning Source LLC
LaVergne TN
LVHW021550080426
835510LV00019B/2460